¡PONGA SU UNCIÓN EN ACCIÓN!

¡PONGA SU UNCIÓN EN ACCIÓN!

Cómo conectarse al poder del Espíritu Santo

T. D. JAKES

Editorial Desafío

Publicado originalmente en inglés por Destiny Image Shippensburg, PA, USA, bajo el título: *Release Your Anointing* by T.D. Jakes, © Copyright 2008 – T.D Jakes

A menos que se indique otra versión, las citas bíblicas utilizadas en este libro se tomaron de la versión *Reina Valera Revisada RVR 1960*, de las Sociedades Bíblicas Unidas. Las citas marcadas con la sigla KJV son traducción directa de la versión en inglés *The King James Version*. Las citas marcadas con la sigla NVI se tomaron de la *Nueva Versión Internacional*, de la Sociedad Bíblica Internacional.

Traducción: Rogelio Díaz-Díaz
Edición: Miguel Peñalosa

Publicado y Distribuido por Editorial Desafío
Cra. 28A No. 64A-34, Bogotá, Colombia
Tel. (571) 630 0100
E-mail: desafío@editorialbuenasemilla.com
www.editorialdesafío.com

Categoría: Vida Cristiana/Crecimiento Espiritual
Producto No.: 600033
ISBN: 978-958-737-058-4

Impreso en Colombia
Printed in Colombia

Índice

Prólogo

Desde sus primeros días como predicador de pueblo pequeño, T. D. Jakes comprendió el poder de la unción y aprendió los secretos para apropiarse del amor y el poder de Dios en su vida y ministerio. Y como lo demuestra su ministerio actual, todavía se vale de esa unción para predicar los mensajes con mayor poder transformador que se escuchan en el mundo en nuestros días.

Si usted es como la mayoría de los creyentes, con seguridad desea conocer esos secretos para poder derramar esa unción en un mundo sediento y agonizante. Como el obispo Jakes, usted está convencido de que la única esperanza del mundo es el poder renovador y sanador de la presencia de Dios que fluye a través de quienes se someten a su unción.

Dios tiene una invitación y un lugar para toda persona, ¡incluyéndolo a usted! El pastor Jakes descubrió su llamamiento divino –y la unción– a una edad temprana, y ello lo ha llevado a liberar a los cautivos, a sanar a los heridos, y a ser una voz en el desierto para millones de cristianos desesperados y hambrientos en todo el mundo.

Aquí, por primera vez en un solo volumen, puede usted encontrar los secretos de T. D. Jakes para poner en acción la unción que hay en su interior. No es algo tan difícil como se cree; pero se requiere comprender la razón para que la unción obre. Las sabias reflexiones de sus éxitos de librería *Mujer, ¡Eres*

Libre!, Can You Stand to Be Blessed [Puede Usted Permanecer Bendecido] disponible también bajo el título *Insights to Help You Survive the Peaks and Valleys* [Conocimientos Que le Ayudarán a Sobrevivir en Sus Altas y Bajas], *Naked and Not Ashamed* [Desnudo y Sin Avergonzarse], disponible bajo el título *It´s Time to Reveal What God Longs to Heal* [Es Tiempo de Revelar lo Que Dios Anhela Sanar], y *Anointing, Fall on Me* [Unción, Ven Sobre Mí], usted puede llegar a ser lo que Dios planeó que fuera, sin importar lo que sus actuales circunstancias digan qué puede hacer.

Entre con confianza al futuro lleno de unción que lo espera.

–Don Nori

Destiny Image Publishers

Introducción

He sentido la necesidad de presentar la verdad bíblica sobre el poder de la unción del Espíritu Santo de una manera sencilla, oportuna y aplicable a su vida. Pienso que este es un libro muy oportuno que le proveerá a usted lo necesario para enfrentar la embestida del diablo al final de esta era, buscando frustrar el plan de Dios.

Creo que estamos en las primeras etapas del avivamiento más grande que este mundo haya conocido. Para poder realizar el plan de Dios tenemos que llegar a entender que no es el esfuerzo humano sino la intervención divina la que nos introducirá en este avivamiento de los últimos tiempos. Los cristianos deben saber que sus vidas pueden estar llenas de nuevas experiencias con Dios, todos los días. Que no es solamente la salvación sino toda la plenitud de Dios, provista a través del Espíritu Santo, la que podemos disfrutar poniendo en acción nuestra unción.

Si usted ha sido salvo por la gracia de Dios tiene un llamado en su vida. Quizá Dios quiere que sea pastor, evangelista o misionero. Podría llamarlo a ser luz en el mundo de los negocios; quizá ha sido tomado por la mano de Dios para escribir libros, para guiar a la gente en adoración, o para criar hijos cristianos.

Debe darse cuenta de que estos dones y vocaciones no se le dieron para que permanezcan dormidos. Solamente el poder del Espíritu Santo hará que los pueda poner en práctica. Este libro le mostrará la manera de enfrentar retos, de desarrollar todo su potencial y de poner su unción en acción.

Si aplica estas verdades prácticas en su vida comenzará a experimentar una nueva frescura divina. Los planes que durante toda su vida quiso realizar se harán realidad. ¿Anhela hacer ciertas cosas para Dios? ¿Se conmueve su alma santificada ante la idea de realizar grandes empresas para él? Un cierto sentido de destino lo lleva a determinar que "no importan las circunstancias por las que tenga que pasar, ¡lo lograré!"

Estas verdades en relación con el Espíritu Santo lo llevarán a mayores alturas y profundizarán su relación con Dios. Alístese para experimentar el nuevo poder y la nueva alegría que transformarán su vida y la de otras personas.

Capítulo 1

Poder para vivir

¿Por qué es tan importante orar con el poder del Espíritu Santo? Con demasiada frecuencia nuestro espíritu está dispuesto pero la carne es débil. Necesitamos la ayuda de Dios para superar la fuerza opositora de la naturaleza carnal.

La llenura del Espíritu Santo pone a nuestra disposición el poder de Dios para llevar a cabo la obra del Reino. Muy pronto, después de ser bautizados con el Espíritu Santo, la mayoría de creyentes nota un bien marcado cambio en su capacidad de orar y de obrar con la unción de Dios.

El ser humano está compuesto de cuerpo, alma y espíritu

El apóstol Pablo escribió: *"Y el mismo Dios de paz os santifique por completo; y todo vuestro ser, espíritu, alma y cuerpo, sea guardado irreprensible para la venida de nuestro Señor Jesucristo"* (1 Tesalonicenses 5: 23). Esta porción escritural nos muestra las tres partes esenciales del ser humano: espíritu, alma y cuerpo.

Si estas tres partes no existieran, Pablo nunca hubiera orado para que cada una fuera preservada totalmente. Si queremos tener una vida de oración exitosa y alcanzar el pleno potencial en Dios, entonces tenemos que comprender la función de cada una de ellas y su respectivo lugar en nuestra vida.

Cada una de estas partes afecta la vida de oración. Si fuéramos solamente espíritu, las bendiciones de la oración no tendrían oposición ni estorbo. Pero tenemos que tratar también con el cuerpo y con el alma. Las palabras *todo* y *guardado* son importantes. *Todo* significa completamente, absolutamente, hasta el límite o el máximo potencial. *Guardar* significa preservar, cuidar, no quitar la vista de algo y mantenerlo en su lugar. En consecuencia, al orar tenemos que atender cada una de estas tres partes. Cada elemento desempeña un papel importante en el éxito o el fracaso de nuestra vida de oración:

1. El *cuerpo*. Incluye la carne y los apetitos. La carne nunca quiere orar. Nunca nos despierta con un deseo de buscar a Dios. Está en enemistad con Dios y no entiende sus caminos. Por eso es que uno no puede agradar a Dios en la carne. Por cuanto la carne nunca se acerca a las expectativas del Espíritu, tenemos que disciplinarla para que se sujete a lo que sabemos que es correcto. Ella se enfrenta y le dice al hombre: "No necesitas orar; si ha de ocurrir, ocurrirá". Pero tenemos que combatir para tener ciertas cosas. Debemos bombardear las puertas de los cielos para lograrlas, y el cuerpo nunca quiere hacer tal cosa.
2. *El alma.* El alma consta de tres elementos: la mente, los sentimientos y la voluntad. El alma del ser humano está como el jamón del sándwich entre el cuerpo (que nunca quiere orar o hacer lo recto), y el espíritu (que ansía a Dios y las cosas espirituales.) Esta distinción es fundamental porque el alma incluye las debilidades y el pasado. En ella ocurre una obra continua, progresiva y renovadora. Cuando oramos con el alma lo hacemos con el intelecto y con la mejor comprensión que podemos. Pero para entrar en guerra espiritual es necesario ir más allá de la lógica y el intelecto.

3. *El espíritu.* Cuando usted estaba perdido, su espíritu estaba "muerto en delitos y pecados" (Efesios 2: 1). Pero ahora que es salvo, su espíritu ha sido revitalizado, lo que significa que usted ahora vive, vibra y es fuerte. En el espíritu hay tres elementos que son la fe, la esperanza y el amor. A medida que el Espíritu Santo empieza a tener una relación íntima con nuestro espíritu comenzamos a producir el "fruto del Espíritu" (Gálatas 5: 22 – 23). El Espíritu Santo quiere conocerlo a usted de una manera íntima; él no quiere sólo una relación superficial.

La intimidad produce fruto o descendencia: *"Y conoció de nuevo Adán a su mujer, la cual dio a luz un hijo"* (Génesis 4: 25).

El apóstol Pablo escribió "a fin de conocerle" (Filipenses 3: 10), lo cual implica una relación estrecha que nos hace participantes de sus experiencias. Pero usted no puede conocer a Cristo en el poder de su resurrección hasta que lo conozca en sus sufrimientos y su muerte. Nuestro viejo hombre tiene que ser crucificado con él diariamente a medida que somos transformados de gloria en gloria.

El apóstol conoció a Jesús en el perdón del pecado pero todavía anhelaba conocerlo íntimamente. Para esto tenían que ocurrir tres cosas:

1. Olvidando... lo que queda atrás" (Filipenses 3: 13). Estas no fueron todas actividades malas o cuestionables pero tampoco fueron satisfactorias. Ellas dejaron a Pablo clamando por tener más de Dios.
2. "Me extiendo a lo que está delante" (Filipenses 3: 13). Él quiso seguir en procura del premio del supremo llamamiento de Dios en Cristo Jesús; tener una relación espiritual íntima con él para producir fruto.

¿Por qué hablar en lenguas?

Esta es una pregunta interesante que hacen las personas inteligentes. ¿Por qué deberíamos hablar en lenguas? Las lenguas (como se conocen en Pentecostés) son una manifestación de la presencia de Dios. Para conocer la voluntad de Dios en nuestras vidas debemos estar en capacidad de comunicarnos con él.

El "hablar en lenguas" no es una doctrina nueva y extraña. Ha existido por siglos, aún por miles de años, pues Dios la estableció desde el comienzo de la Iglesia. Antes de discutir algunas razones bíblicas para esta práctica me gustaría mencionar un ejemplo que destaca la importancia de hablar en lenguas.

Un trasmisor-receptor de radio le permite a usted hablar con otra persona, siempre y cuando estén las dos en la misma frecuencia. Algunas personas usan diferentes canales por una gran variedad de razones. Cualquiera que sea el canal que usted utiliza, ambos, transmisor y receptor, deben estar sintonizados y tener el volumen adecuado para escuchar. Estos radios también tienen un canal especial para emergencias. Cada vez que usted necesita la policía o una ayuda de urgencia puede cambiar a esta frecuencia y nadie más puede impedir su conversación.

Esta parece ser una cruda analogía, pero en el mundo espiritual se están transmitiendo muchos mensajes usando este mismo modelo. La Biblia dice que Satanás es "el príncipe de la potestad del aire" (Efesios 2: 2). Si aceptamos estar en la misma frecuencia, él puede captar nuestras transmisiones pero no puede monitorear el canal de emergencia. Su *dial* (selector de frecuencias) no puede sintonizarlo porque para él no es más que un montón de sonidos de estática. No puede entender lo que estamos diciendo. La oración en el Espíritu es una frecuencia que Satanás no puede captar.

Esquivamos el radar de Satanás

> *Entonces oí una gran voz en el cielo, que decía: Ahora ha venido la salvación, el poder, y el reino de nuestro Dios, y la autoridad de su Cristo; porque ha sido lanzado fuera el acusador de nuestros hermanos, el que los acusaba delante de nuestro Dios día y noche* (Apocalipsis 12: 10).

Puesto que Satanás es el príncipe de la potestad del aire y llega hasta la presencia de Dios, constantemente revisa nuestra vida de oración. Con mucha razón sufrimos adversidad y oposición cuando tratamos de acercarnos a Dios. Para llegar hasta el trono divino tenemos que superar la conspiración del enemigo.

> *Porque no tenemos lucha contra sangre y carne, sino contra principados, contra potestades, contra los gobernadores de las tinieblas de este siglo, contra huestes espirituales de maldad en las regiones celestes* (Efesios 6: 12).

Permítame utilizar otra ilustración. En la primera guerra con Irak, los Estados Unidos y sus aliados sabían que se enfrentaban a algunas de las defensas más modernas y actualizadas de todo el mundo. La guerra se libró en dos etapas. Durante la primera, conocida como "Vigilancia del Desierto" o "Escudo del Desierto", los Estados Unidos hicieron vuelos de reconocimiento para monitorear el movimiento y las fortalezas y debilidades del enemigo.

Estos vuelos permitieron conocer que Irak estaba empleando modernos sistemas de radar. Los militares americanos sabían que si habían de tener éxito –con un reducido número de bajas– tendrían que esquivar sus radares. Esto se logró utilizando bombarderos que no podían ser detectados, lo cual permitió hacer uso del factor sorpresa. En el ataque de la primera noche, el bombardeo principal ocurrió antes de que los iraquíes se dieran cuenta de lo que estaba sucediendo.

Cuando usted ora en el Espíritu va ante el trono de Dios sin que Satanás lo detecte porque se basa en los misterios de Dios. Sus oraciones son como bombarderos que burlan el sistema de detección satánico. Orar en el Espíritu nos capacita para proclamar sanidad, liberación y rompimiento de yugos sin sufrir el ataque enemigo. Usted puede entrar en la presencia de Dios y recibir munición para sacudir las puertas del infierno. Por eso es que Satanás lucha para evitar que la gente ore en el Espíritu. Confunde a la gente respecto a esta verdad porque sabe que no tiene un arma de defensa contra ella.

Cambio de canales

El apóstol Pablo utilizó las *lenguas* (en plural) para mostrar la multiplicidad de lenguajes. *"Si yo hablase lenguas humanas y angélicas"* (1 Corintios 13: 1).

A veces necesitamos hablar en nuestra lengua nativa de acuerdo con nuestra herencia cultural. Sin embargo, otras veces la lengua natural no es adecuada para enfrentarlos espíritus guerreros que se encuentran entre la tierra y el trono de Dios.

Pablo nos dice que "cambiemos de canal" cuando las oraciones sean interceptadas. Permítale al Espíritu Santo, que mora en usted, hablar en la tierra lo que el cielo le está hablando a su espíritu. Eso es *orar en lenguas* u orar en el Espíritu. Satanás entiende el lenguaje de los seres humanos. Cuando oramos acerca de algo, nuestro adversario hace que los principados y las potestades, que habitan la atmósfera entre la tierra y el trono de Dios, intercepten nuestros mensajes. Él ataca exactamente aquello por lo cual estamos orando.

Pero Satanás no entiende el lenguaje de los cielos. Los caminos de Dios, que son mucho más altos que los nuestros, incluyen el don de orar en lenguas. Esto hace que el diablo se sienta confuso en cuanto a cómo poder atacarnos. Quizá asigne un espíritu maligno para que ataque nuestra vida de oración y lo mantenga informado para decidir cómo lanzar un contra-ataque. Pero cuando oramos en el Espíritu frustramos sus planes.

Recuerde que "hablar en lenguas" (en el sentido bíblico) es un hecho espiritual y no carnal. Satanás obra a través de la carne. Cuando nuestras oraciones cambian de un lenguaje terreno y carnal a uno celestial y espiritual, Satanás se queda confundido.

El creyente es edificado a medida que el Espíritu Santo manifiesta la vida, el poder, el gozo y la victoria de Dios en su espíritu. ¡Aleluya por la capacidad de hablar desde la tierra lo que el Espíritu Santo está hablando en el cielo!

Intercediendo con gemidos

Hablar en lenguas pone a nuestra disposición un gran arsenal de armas espirituales. Sin embargo, por no saberlo, muchos cristianos tienen que luchar en su oración.

> *Y de igual manera el Espíritu nos ayuda en nuestra debilidad; pues qué hemos de pedir como conviene, no lo sabemos, pero el Espíritu mismo intercede por nosotros con gemidos indecibles. Mas el que escudriña los corazones sabe cuál es la intención del Espíritu, porque conforme a la voluntad de Dios intercede por los santos* (Romanos 8: 26 – 27)

Romanos 8: 26 contiene una frase que a menudo pasamos por alto, y es la frase inicial *de igual manera,* que también significa "en forma similar".

> *Porque sabemos que toda la creación gime a una, y a una está con dolores de parto hasta ahora; y no sólo ella, sino*

que también nosotros mismos, que tenemos las primicias del Espíritu, nosotros también gemimos dentro de nosotros mismos, esperando la adopción, la redención de nuestro cuerpo (Romanos 8: 22 – 23).

Ella señala hacia atrás a dos ocasiones en las que la palabra gemido se utiliza en este capítulo. Romanos 8: 22 se refiere al gemido de la creación que espera la redención y restauración de esta tierra. Romanos 8: 23 se refiere a los gemidos de los cristianos mientras esperamos que la redención sea completa cuando recibamos nuestro nuevo cuerpo.

El apóstol Pablo utiliza la misma palabra al referirse a los gemidos del Espíritu Santo (Romanos 8: 26). La palabra gemir significa "quejarse con suspiros o con un sentir de lamentación".

Todo esto fue algo muy familiar a los profetas del Antiguo Testamento. Cuando entraban en sintonía con la naturaleza y el carácter de Dios era común que se expresaran en maneras poco usuales. Su intercesión por la gente podía describirse como la "acción de deplorar, quejidos lastimeros, o lamentos". Cuando la ejercían expresaban exteriormente lo que Dios les hablaba en su interior.

No podemos comprender el lenguaje de Dios con nuestro propio intelecto. Me gusta explicar todo lo anterior de esta manera: un niño no puede expresar con claridad lo que desea pues solamente conoce una parte de las palabras. Y aunque un extraño no le entiende, la mamá del infante puede comprender su lenguaje. Aunque lo que el bebé hable sea escasamente inteligible, ella entiende cuál es su necesidad. Tomando algunas palabras y frases recortadas ella interpreta el mensaje y satisface su necesidad.

A veces, a fin de obtener lo que necesitamos de Dios, tenemos que pasar de un lenguaje (el del intelecto humano) a otro (el del Espíritu Santo).

Ayuda en la oración

El Espíritu Santo está al lado nuestro para apoyarnos, para mantenernos firmes y para ayudarnos a tener éxito. Esa ayuda significa *"alguien que está de acuerdo con"*. En esencia, el Espíritu Santo está a nuestro lado no solamente para mantener vigente el pacto de Dios sino también para que tengamos lo que ese pacto nos provee.

Él lo hace de cuatro maneras:

1. Nos ayuda en nuestras debilidades.
2. Nos ayuda en lo que él sabe y conoce.
3. Nos ayuda intercediendo por nosotros; y
4. Nos ayuda con un lenguaje celestial.

Ayuda en las debilidades

El Espíritu "nos ayuda en nuestras debilidades", lo cual significa que está al lado nuestro como un aliado, o como alguien que está dispuesto a ayudarnos y está capacitado para hacerlo. Necesitamos ayuda porque *"...el espíritu a la verdad está dispuesto, pero la carne es débil"* (Mateo 26: 41).

La palabra *debilidad* significa "incapacidad de producir resultados". La oposición nos impide recibir lo que Dios en su pacto ha provisto para nosotros. El Espíritu Santo nos ayuda y nos permite un tremendo avance.

Ayuda para saber cómo orar

El Espíritu Santo nos ayuda en lo que sabe y conoce. Él conoce bien las cosas que a nosotros nos causan perplejidad. "...Porque qué hemos de pedir como conviene, no lo sabemos" (Romanos 8: 26). No siempre sabemos lo que es correcto. A medida que le permitimos saturar y permear nuestras vidas, él comienza a decirnos cómo orar por ciertas cosas. Por ejemplo, ¿con qué persona debería tener una relación sentimental? ¿Con quién debería casarme? ¿A cuál iglesia debería asistir? ¿En qué ministerio debería servir? A veces queremos hacer o decir algo pero el Espíritu Santo nos advierte: "No lo digas, no lo hagas". Él nos ayuda cuando no tenemos claro lo que debemos hacer.

Nos ayuda intercediendo por nosotros

El Espíritu Santo nos ayuda al interceder por nosotros. Mientras Jesús, como nuestro mediador, intercede por nosotros ante Dios, el Espíritu Santo que conoce la mente de Dios intercede por él ante nosotros. Él hace intercesión integral. La *intercesión* significa el encuentro del Espíritu Santo con nosotros. Él entra a nuestra vida y habla a nuestro espíritu en una forma personal. Nosotros no tenemos la capacidad de producir resultados ni lograr avances. Aún si tuviéramos la capacidad, no tenemos el conocimiento porque "no sabemos por qué cosas debemos orar". El Espíritu Santo nos hace admitir nuestras debilidades; luego, al tener comunión con nosotros, nos ayuda en lo que debemos hacer. Al interceder, él solamente habla en la tierra lo que ya ha escuchado en los concilios de los cielos.

Por eso el Señor Jesús repitió con frecuencia una verdad que nos quería revelar: *de cierto, de cierto os digo:* una vez en los cielos para la sanción divina, y otra vez en la tierra para llevar a cabo lo que ya tiene la divina sanción.

Nos ayuda con el lenguaje celestial

El Espíritu Santo nos ayuda con el lenguaje celestial. Él nos comunica la voluntad divina. "Porque conforme a la voluntad de Dios intercede por los santos" (Romanos 8: 27). Cuando la creación gime, lo hace en un lenguaje que sólo Dios puede interpretar. Los santos de Dios a veces gimen con exclamaciones entrecortadas y balbucientes.

Hay ocasiones en que todo lo que podemos hacer es postrarnos delante de Dios sin saber que hacer o decir. Necesitamos estar llenos del Espíritu Santo y escucharlo porque él nos comunica la voluntad de Dios. Tan solo debemos estar en capacidad de oír. "El que tiene oído, oiga lo que el Espíritu dice a las iglesias" (Apocalipsis 2: 7).

El Espíritu Santo entrega lo que los cielos envían

Juan 16: 13 presenta algunas de las más grandes verdades que han sido reveladas a la Iglesia. Jesús dijo que el Espíritu Santo haría cuatro cosas:

1. Nos guiará a toda verdad.
2. Nos hablará la verdad pero no hablará de sí mismo.
3. Nos mostrará la verdad respecto a las cosas venideras.
4. Nos hablará lo que el cielo le habla a él.

Debemos estar dispuestos a oír lo que el Espíritu Santo dice para poder poner nuestra unción en acción. Pero es igualmente importante saber que el Espíritu Santo oye en los cielos lo que él nos va a decir. Él nunca rompe la cadena de mando de los cielos. ¿Cómo podemos saber que lo que el Espíritu Santo dice es confiable?

En primer lugar, él es uno mismo con Dios. Nunca hablará nada que no sea avalado por la Palabra. Segundo, él es un Dios que no puede mentir y escrutó los cielos y la tierra buscando a alguien para confirmar su pacto y reiterar su autenticidad.

Cuando no pudo encontrar a nadie que llenara los requisitos de sus santas demandas juró por sí mismo. Ahora el Espíritu Santo comunica un juramento y un pacto ya hecho a oídos de los creyentes llenos del Espíritu que pueden escuchar su voz.

Jesús dijo: "él hablará todo lo que oyere". Eso significa que el Espíritu Santo le habla a usted lo que el cielo ya ha decretado.

Edifíquese usted mismo

En el pasaje siguiente encontramos algunas de las verdades más sencillas y a la vez más profundas de toda la Palabra de Dios. Pero todo gira alrededor de la verdad expresada en el versículo 20:

> *Pero vosotros, amados, edificándoos sobre vuestra santísima fe, orando en el Espíritu Santo, conservaos en el amor de Dios, esperando la misericordia de nuestro Señor Jesucristo para vida eterna. A algunos que dudan, convencedlos. A otros salvad, arrebatándolos del fuego; y de otros tened misericordia con temor, aborreciendo aun la ropa contaminada por su carne* (Judas 20 – 23).

Podemos edificarnos, cultivar un sentido de expectativa acerca de la venida del Señor, tener compasión de quienes han caído, y ser celosos en cuanto a marcar una diferencia en la vida de quienes han manchado sus vestiduras.

Echémosle una mirada a la capacidad de "edificarnos". La palabra *edificar* es parte del léxico de la arquitectura y significa en este caso "hacer que un edificio permanezca firme poniéndole un buen fundamento". En el mundo natural es siempre importante construir considerando la posibilidad de hacerle adiciones al edificio por si es necesario agrandarlo en el futuro. Si usted ha superado su casa espiritual, el Espíritu Santo le da los recursos para añadirle otros ministerios y satisfacer así sus demandas.

Si usted tiene un ministerio más grande, entonces tendrá un lugar en donde albergarlo, en donde edificarlo. ¿Hay áreas débiles en la estructura? Edifíquelas. Puede hacerlo orando en el Espíritu. Ello edificará su fe para que pueda estar firme contra Goliat y sepa que su Dios es más grande que el gigante que lo desafía.

Cuando Dios estuvo listo para bendecir a Elías, su última voluntad respecto al profeta fue que éste subiera al Monte Carmelo que significa "terreno fructífero". Pero la bendición vino progresivamente cuando él fue al arroyo de Querit donde bebió de sus aguas y lo alimentaron los cuervos. Pero un día el arroyo se secó y ya no suplió su necesidad. El nombre *Querit* significa "hacer pacto con Dios". Dios hizo un pacto en el cual él y Elías se probaron recíprocamente.

Luego Dios lo envió a una viuda en *Sarepta* que significa "refinar como en un crisol". El oro, en su estado original, no es puro y se debe refinar, lo cual se hace mediante el fuego hasta que se derrita o llegue al estado de fundición. El fuego lo limpia de sus impurezas que salen a la superficie y son descartadas. Dios hace lo mismo con nosotros utilizando el fuego de las pruebas para separar el oro de la escoria que hay en nuestras vidas.

Dios lo lleva a usted por una senda continuada, pero el propósito final es que llegue al Monte Carmelo y sea fructífero. Él quiere que esté en capacidad de hacer bajar fuego del cielo y de ver lo espiritual como lo vio Elías. Él quiere verlo perseverar en oración hasta que Dios intervenga en su situación. La respuesta a su sequía quizá parezca una nube del tamaño de la mano de un hombre, pero usted sabe que una lluvia refrescante está por caer.

Por eso es que los cristianos de todas las denominaciones se están llenando del Espíritu Santo. Ya superaron la tradición de sus experiencias pasadas, pasaron las pruebas Querit y Sarepta, y están listos para ir al Monte Carmelo.

Si usted está hambriento de caminar con Dios, el Espíritu Santo le dice que su casa espiritual actual es demasiado pequeña y lo urge a edificar sobre el fundamento que tiene. Pero para hacer tal cosa debe orar en el Espíritu Santo.

Más beneficios

A diferencia de dar un mensaje en lenguas en una reunión pública, lo cual edifica a otras personas, orar en lenguas lo edifica a usted. A menudo entramos a un hermoso santuario de alguna iglesia y reconocemos que es un gran edificio. Es sencillamente un gran lugar de habitación, de reuniones, de compañerismo y comunión.

Orar en lenguas produce por lo menos cinco beneficios:

1. Da la capacidad de hablar a Dios solamente, frustrando así al diablo.
2. Edifica la persona que ora (1 Corintios 14: 4).
3. Ayuda a ponerse la armadura de Dios.
4. Edifica alrededor de quien ora un muro de defensa.
5. Ayuda a liberarse de la ansiedad.

Frustra al diablo

"El que habla en lenguas no habla a los hombres, sino a Dios" (1 Corintios 14: 2). Eso le da la capacidad de esquivar a los demás e ir directamente a la presencia de Dios. La acción equivalente en el Antiguo Testamento sería entrar en el lugar santísimo y tener comunión directamente con Dios.

El adversario le atraviesa ciertas cosas para desanimarlo y

hacerle perder dirección. Orar en lenguas lo capacita para esquivar su sistema de radar.

Edifica a la persona que ora

La palabra *edificar* significa "construir, poner un fundamento, establecer una estructura". Cuando usted ora en lenguas amplía sus límites. Si tiene más ministerio que vida de oración, edifique, añada más oración. Si el lugar donde está le quedó pequeño, amplíelo.

Sus complejos desaparecen a medida que el Espíritu Santo le infunde confianza. Sus temores se desvanecen cuando el Espíritu lo edifica. Sus pecados y fracasos pasados recibirán de él un duro golpe. Este cambio ocurrirá en cada área de su estructura, lo envolverá y fortalecerá y le dará una gloriosa victoria.

Quizá no note el cambio que está ocurriendo; tal vez no se dé cuenta de que es el Espíritu Santo quien está obrando en silencio en su interior. Pero no pasará mucho tiempo antes de que lo que está ocurriendo interiormente, empiece a manifestarse externamente. A medida que aprenda a orar en el Espíritu ocurrirá automáticamente.

Cuando entre en una relación más profunda con Dios descubrirá que no puede soportar una oración soñolienta. Su vida de oración tendrá que ir a la par con su ministerio y su dedicación a una vida llena del Espíritu.

> *Pero vosotros, amados, edificándoos sobre vuestra santísima fe, orando en el Espíritu Santo* (Judas 20).

Orar en el Espíritu da solidez al fundamento de nuestra fe.

La mejor defensa contra la enfermedad es el sistema inmunológico, el cual fue diseñado por Dios para ayudarnos a evitar los enemigos de nuestro cuerpo y las enfermedades que nos atacan. Pero debemos mantener fuerte este sistema comiendo adecuadamente, haciendo suficiente ejercicio y descansando lo suficiente. Muchos de nosotros estamos en el punto más bajo espiritualmente y hemos llegado a ser susceptibles a cualquier cosa que se cruce en nuestro camino. Pero si oramos en el Espíritu somos edificados y capacitados para luchar contra el pecado y el desaliento.

Ayuda a ponernos la armadura de Dios

> *Y tomad el yelmo de la salvación, y la espada del Espíritu, que es la palabra de Dios; orando en todo tiempo con toda oración y súplica en el Espíritu, y velando en ello con toda perseverancia y súplica por todos los santos* (Efesios 6: 17 – 18).

Orar en lenguas nos ayuda a ponernos la armadura de Dios. Muchos cristianos sienten que esta preparación espiritual es como escoger en el armario las prendas de vestir para el día. El apóstol Pablo menciona nuestra guerra, nuestros enemigos, y nuestra armadura, la cual cubre cada parte vital del cuerpo del soldado: el yelmo (nuestra mente); el pectoral (nuestro corazón); la coraza de la verdad (la verdad de la Palabra de Dios, sobre la cual descansa el resto de la armadura); el escudo de la fe, el cual hace que el soldado siempre avance y nunca dé la espalda pues quedaría expuesto, y el apresto del evangelio en nuestros pies (en nuestro caminar).

Esta armadura es útil en cualquier ocasión. Pero después de describirla pieza por pieza, Pablo va directo del verso 7 al 18 sin detenerse. Es como si dijera: "Así es como se consigue la armadura: orando siempre en el Espíritu". Orar en el Espíritu Santo nos viste de pies a cabeza con la armadura de Dios. Sí; orar en el Espíritu lo arma a usted con un arsenal que le permitirá estar firme. Aleluya por la capacidad de orar en el Espíritu Santo.

Edifica un muro de defensa

> *Porque vendrá el enemigo como río, mas el Espíritu de Jehová levantará bandera contra él* (Isaías 59: 19).

Sí, hay momentos cuando el enemigo invade nuestras vidas. Penetra en su mente, interfiere en su matrimonio, se introduce en su ministerio. Llega como una inundación y desea devorarnos con todo lo que Dios ha hecho nacer en nuestra vida.

Pero el Espíritu Santo permanece al lado nuestro como un aliado. Cuando el enemigo llega como río, el Espíritu Santo levanta bandera contra él. Nos provee un lugar de defensa, de abrigo y de refugio.

La vida de Job es un buen ejemplo de lo dicho anteriormente. Cuando Dios alabó su integridad, Satanás replicó: "¿No le has cercado alrededor a él y a su casa y a todo lo que tiene? Al trabajo de sus manos has dado bendición; por tanto, sus bienes han aumentado sobre la tierra" (Job 1: 10).

El adversario pidió permiso para tocar todo lo que Job tenía. Satanás vino como un río destruyendo sus hijos, hijas, siervos y ganados. No satisfecho con esto pidió permiso para afligir el cuerpo del patriarca. Dios lo concedió, sin embargo estableció un límite y le dijo: "guarda su vida". (Job 2: 6).

La oración en el Espíritu establece un muro de defensa que el diablo no puede penetrar. El Espíritu levanta el muro de la sangre de Jesús, y dice: "Satanás, ¡esto no lo puedes tocar!"

Libertad de la ansiedad

Orar en lenguas nos libera de la ansiedad. Jesús dijo a sus discípulos: "Venid vosotros aparte a un lugar desierto, y descansad" (Marcos 6: 31).

Orar en el Espíritu nos permite *ir aparte* antes de que estemos acabados. Muchos de nosotros soportamos fuertes presiones; estamos tensos y cansados de la lucha. Como los discípulos, necesitamos un lugar y un tiempo de descanso.

Orar en el Espíritu nos compromete en una experiencia con Dios y nos capacita para poner en acción nuestra unción. No es de extrañarse que Pablo se preguntara si la experiencia del arrebatamiento al tercer cielo fue "en el cuerpo o fuera del cuerpo". El apóstol vio y oyó cosas que no le es dado a un ser humano expresar. Dios nos lleva en el Espíritu al paraíso separándonos de las presiones del mundo antes que éstas nos agoten.

Una pieza de material no falla de repente, lo hace poco a poco. Si no se repara, un pequeño desgarre puede hacer que todo el vestido se rasgue. Orar en el Espíritu nos lleva a ese solitario lugar con Dios en el que podemos resistir el estrés, las presiones y la ansiedad. Si su vida se está desmoronando, su necesidad es similar a la de la mujer que tenía flujo de sangre. Ella quería tocar el borde del manto de Jesús. Era consciente de que al hacerlo obtendría su solución. Esto es lo que orar en el Espíritu hará por usted.

El apóstol Pablo escribió: "¿Qué, pues? Oraré con el espíritu, pero oraré también con el entendimiento; cantaré con el espíritu, pero cantaré también con el entendimiento" (1 Corintios 14: 15). "Oraré con el espíritu" significa que confiará que el Espíritu Santo lo guíe al orar. Él habla pero nosotros debemos escuchar. Cuando oramos con el Espíritu oramos con el conocimiento de la voluntad de Dios.

> *Y de igual manera el Espíritu nos ayuda en nuestra debilidad; pues qué hemos de pedir como conviene, no lo sabemos, pero el Espíritu mismo intercede por nosotros con gemidos indecibles* (Romanos 8: 26).

También oramos con el discernimiento del Espíritu Santo:

> *Mas el que escudriña los corazones sabe cuál es la intención del Espíritu, porque conforme a la voluntad de Dios intercede por los santos* (Romanos 8: 27).

Cuando oramos en el Espíritu oramos con fervor e intensidad pues el Espíritu nos da la unción para enfocarnos en lo que estamos orando y para buscar a Dios con diligencia.

> *Pero sin fe es imposible agradar a Dios; porque es necesario que el que se acerca a Dios crea que le hay, y que es galardonador de los que le buscan* (Hebreos 11: 6).

Cuando decimos "oraré con el entendimiento" estamos diciendo que al orar con la unción y bajo la guía del Espíritu Santo hacemos una oración que tendrá sentido en la medida en que el mismo Espíritu nos interpreta las cosas que hemos hablado.

A veces no sabemos cómo orar porque las situaciones que enfrentamos son superiores a nosotros. Son más profundas de lo que la lógica humana puede comprender. Por eso es que necesitamos orar dentro del mundo del espíritu que es mayor que cualquier problema, debilidad o dilema que enfrentemos. También necesitamos pedirle a Dios que nos interprete las cosas que hemos hablado mediante el auspicio del Espíritu Santo. Ganaremos entendimiento en la medida que él nos las revela.

Necesitamos la unción

A veces no sabemos qué decir. Nuestros corazones están abatidos y nuestros espíritus abrumados. Somos conscientes que necesitamos un toque. Sabemos el área que necesita ser tocada pero no siempre sabemos qué decir.

¿Ha estado usted tan abrumado y tan vencido que todo lo que puede hacer es gemir? Quizá solamente puede decir: "Jesús, ¡ayúdame!" o "Te necesito, Señor". Entonces es cuando necesitamos cambiar de lenguaje y permitirle al Consolador que obre, tal como lo discutimos en el capítulo anterior. Necesitamos esperar en el Espíritu Santo porque él sabe cómo orar. El Espíritu siempre ora de acuerdo con la voluntad de Dios (Romanos 8: 27).

La unción del Espíritu Santo no siempre está acompañada de manifestaciones físicas o emocionales, pero siempre trae poder.

El sacerdote del Antiguo Testamento sabía que había solamente un lugar en donde podía ver y experimentar una manifestación de la gloria de Dios, y ese era el lugar santísimo. Allí Dios había prometido manifestarse y tener comunión con su pueblo (Éxodo 25: 17 – 22).

En estos últimos días Satanás y toda su corte está llevando a cabo un asalto final contra la Iglesia. Tenemos que llegar a conocer a Dios de una manera que no lo hemos conocido antes. Dentro de algunos de ustedes hay milagros, bebés no nacidos aún, ministerios y dones. Todos tenemos un llamamiento.

Por causa de las circunstancias –tal vez algo fuera de su control, quizá por causa de sus faltas, de sus fracasos o de su vida pasada– Satanás le ha dicho que tiene que abortar su bebé, su don, o su ministerio. Pero el diablo es un mentiroso. La Escritura nos dice que *"Irrevocables son los dones y el llamamiento de*

Dios" (Romanos 11: 29). Usted tiene que llegar a ese punto en donde puede ver la presencia real y visible de Dios y su unción. Solamente entonces podrá poner su unción en acción para darle gloria a Dios y a su reino.

Usted puede lograrlo

¿Qué es lo que me alienta a mí cuando paso por las tormentas de la vida? Miro en la Palabra de Dios y veo que alguien más ha pasado por ellas y las ha superado. Estamos rodeados de testigos.

> *Por tanto, nosotros también, teniendo en derredor nuestro tan grande nube de testigos, despojémonos de todo peso y del pecado que nos asedia, y corramos con paciencia la carrera que tenemos por delante* (Hebreos 12: 1).

En cada ocasión, cada uno de estos santos tuvo que llegar a un cierto punto en donde vio la manifestación de Dios.

Noé soportó un torrencial que inundó la tierra durante varios meses pero tuvo un lugar que le proporcionó acceso a Dios. En el tercer nivel del arca, una ventana le daba vista a los cielos. En medio de la tormenta él pudo tener paz y solaz.

> *Una ventana harás al arca, y la acabarás a un codo de elevación por la parte de arriba; y pondrás la puerta del arca a su lado; y le harás piso bajo, segundo y tercero* (Génesis 6: 16).

Durante años Jacob luchó con el problema de la diferencia entre lo que era, y lo que quería ser. Su conflicto tuvo su clímax cuando llegó al arroyo de Jaboc que significa "vaciarse" o "derramarse". Fue solo a ese lugar en donde luchó con un ángel. Allí la Divinidad se encontró con la humanidad, y uno de sus muslos fue descoyuntado. Cuando llegó a Jaboc el patriarca era Jacob (el estafador, suplantador y tramposo), pero después de la lucha con el ángel su nombre fue cambiado a Israel (príncipe de Dios). Fue un lugar en donde encontró poder; poder con Dios y con el hombre (Génesis 32: 21 – 29).

Moisés luchó con sus responsabilidades como líder de la nación de Israel. Las demandas de las multitudes le exigieron tanto que llegó al punto de agotamiento. Él le pidió a Dios una manifestación de su gloria, pero antes de que pudiera verla tuvo que llegar a un cierto punto. Escondido en una grieta vio el esplendor decreciente de la gloria de Dios, pero sólo después de llegar a ese lugar.

Cómo obra la unción

Si usted es un creyente en Cristo debe tener algún tipo de llamamiento en su vida. Puede ser como un pastor o líder en su iglesia. Este es un don que también necesita avivar.

Quizá igual que Jacob, lo que es y lo que quiere ser le produce un constante conflicto. Pero debe saber que en Dios puede encontrar esa unción que rompe los yugos. Miremos en la Escritura dos pasajes en donde encontramos verdades de aplicación actual:

> *¡Mirad cuán bueno y cuán delicioso es habitar los hermanos juntos en armonía! Es como el buen óleo sobre la cabeza, el cual desciende sobre la barba, la barba de Aarón, y baja hasta el borde de sus vestiduras; como el rocío de Hermón, que desciende sobre los montes de Sión; porque allí envía Jehová bendición, y vida eterna* (Salmo 133: 1 – 3).

- *Acontecerá en aquel tiempo que su carga será quitada de tu hombro, y su yugo de tu cerviz, y el yugo se pudrirá a causa de la unción* (Isaías 10: 27).
- *La unción fluye de la cabeza hacia el cuerpo.* (Salmo 133: 2). Jesús es la cabeza. Su unción está fluyendo, pero nosotros debemos estar alineados (en comunión) con él.
- *La unción será "como el rocío de Hermón"* (Salmo 133a). Los Israelitas sabían que el rocío del Monte Hermón y del Monte Sión era más denso aún en tiempo seco.
- *La unción ejercerá autoridad sobre sus circunstancias* "Porque allí envía el Señor bendición y vida eterna" (Salmo 133: 3b).
- *La unción quitará cargas de sobre sus hombros* (Isaías 20: 27a).
- *La unción romperá yugos.* Abrirá los grilletes que lo han hecho decir y hacer cosas que no deseaba decir ni hacer, e ir a lugares que no deseaba visitar (Isaías 10: 27).
- *La unción destruirá el yugo.* No es suficiente tan solo abrir el grillete de su cuello. Si éste sigue allí, en cualquier momento puede volver a su posición anterior. La unción desmantela o destruye todo lo que Satanás ha planeado para su vida.

En los días en que los Jueces gobernaban a Israel, los Filisteos robaron el arca y la ubicaron al lado de su dios Dagón. La presencia de Dios en el arca hizo que Dagón cayera sobre su rostro. Los filisteos lo levantaron pero otra vez la presencia del Señor lo hizo caer por segunda vez. En esta segunda caída perdió la cabeza y las palmas de sus manos que aparecieron cortadas (1 Samuel 5: 1 – 4).

Todo lo que Satanás había planeado (su cabeza), y todas las cosas que quiso hacer (sus manos) fueron destruidas por la unción. Fue decapitado, sus manos cortadas y reducido a la impotencia.

Ninguna arma forjada contra ti prosperará, y condenarás toda lengua que se levante contra ti en juicio. Esta es la herencia de los siervos de Jehová, y su salvación de mí vendrá, dijo Jehová (Isaías 54: 17).

Este nivel de unción es vital porque necesitamos tener conversaciones de alto nivel con Dios que no queremos que Satanás escuche o entienda. Necesitamos la capacidad de cambiar de lenguaje. Y las lenguas son para usted y están a disposición suya. Usted puede hablar este lenguaje a medida que el Espíritu lo capacite para hacerlo.

La llave maestra

Mientras estemos operando de acuerdo con la lógica humana y la percepción carnal de las cosas tendremos altas y bajas según sean las circunstancias. Pero cuando nos apropiamos de los recursos del Espíritu Santo nuestro conocimiento adquiere una nueva perspectiva y comenzamos a operar con la autoridad del Reino.

Ya no tememos cuando las fuerzas del infierno se levantan contra nosotros porque sabemos que Jesús nos ha dado la clave maestra, la cual es la unción del Espíritu Santo. Usted no tiene que preocuparse si la cerradura está con llave, así esté dentro o esté fuera; si tiene la llave maestra, ésta puede abrir cualquier cerradura. Jesús le dijo a Pedro que no se preocupara por las puertas del infierno porque él le daría las llaves del Reino (Mateo 16: 17 – 19). Estas llaves eran un misterio para otros, pero para Pedro resolvieron el dilema porque eran las llaves del Reino. Este fue un mensaje de autoridad prevaleciente para quienes entienden el código.

Jesús enfrentó cuatro dilemas:

1. Las tradiciones de los hombres (Mateo 15: 1 – 3).

2. La religiosidad externa que deja el corazón desesperadamente pervertido (Mateo 15: 10 – 20).
3. Las debilidades físicas que son tipo de limitaciones espirituales (Mateo 15: 29 – 31).
4. El hambre física que es tipo de la desnutrición y el hambre espiritual (Mateo 15: 32 – 39).

Jesús preguntó a sus discípulos: ¿Quién dicen los hombres que es el Hijo del Hombre? (Mateo 16: 13). La comprensión de la respuesta a esta pregunta les abrió el camino a la unción, lo cual dejó impotente al infierno.

Ellos respondieron: Unos dicen que Juan el Bautista; otros que Elías; y otros Jeremías, o alguno de los profetas (Mateo 16: 14). Todos los mencionados fueron solamente hombres carnales con limitaciones

Jesús entonces les volvió a preguntar: Y vosotros, ¿quién decís que soy yo? (Mateo 16: 15). Respondiendo Simón Pedro, dijo: Tú eres el Cristo, el Hijo del Dios viviente (Mateo 16: 16). La palabra griega es *Cristos,* el ungido de Dios.

Jesús sabía que estos cuatro tipos de crisis habían dejado a la gente en situaciones desesperadas. Al afrontarlas lo miraban a él tan solo como un ser terreno, un maestro o profeta. Estos cuatro dilemas los habían convertido en víctimas que estaban en prisión y sin la llave.

Sin embargo, cuando reconocemos que Jesús es el Cristo, él nos da la llave maestra (la unción) para abrir cualquier cerradura y enfrentar cualquier crisis en la vida. La unción no promete evitar el ataque del infierno pero si evita que éste prevalezca contra nosotros.

Todo tiene un precio

Cuando usted va de compras sabe que todo tiene una etiqueta con su precio respectivo. Al observar la mercancía en las tiendas, quizá usted se hace las siguientes preguntas:

1. ¿Necesito este artículo?
2. ¿Puedo pagar el precio?
3. ¿Tiene garantía?
4. ¿Lo usaré si lo compro?

La unción encaja en estas cuatro premisas:

1. Usted necesita desesperadamente la unción del Espíritu Santo.
2. El Espíritu Santo bien vale el precio que hay que pagar por él.
3. El Espíritu Santo tiene un sello de garantía hasta el día de la redención.
4. A fin de realizar todo lo que el Dios soberano ha ordenado para su vida, usted debe usar el poder del Espíritu Santo para alcanzar su potencial y su destino.

Jesucristo conocía la importancia de ser ungido para las obras y el servicio. Al comenzar su ministerio él citó al profeta Isaías:

> *El Espíritu del Señor está sobre mí, porque me ungió el Señor; me ha enviado a predicar buenas nuevas a los abatidos, a vendar a los quebrantados de corazón, a publicar libertad a los cautivos, y a los presos apertura de la cárcel; a proclamar el año de la buena voluntad del Señor, y el día de venganza del Dios nuestro; a consolar a todos los enlutados, a ordenar que a los afligidos de Sión*

> *se les dé gloria en lugar de ceniza, óleo de gozo en lugar de luto, manto de alegría en lugar del espíritu angustiado; y serán llamados árboles de justicia, plantío del Señor, para gloria suya.* (Isaías 61: 1 – 3).

Que clamemos por una llenura del Espíritu Santo que nos capacite para orar en el Espíritu y para operar con una mayor unción. Que igual que el Maestro seamos ungidos "con el Espíritu Santo y con poder" (Hechos 10: 38).

Puntos de reflexión:

El Espíritu Santo es su aliado más fuerte.

Orar en el Espíritu lo libera de las presiones mundanas y le da paz.

La unción proporciona poder.

Conéctese con el Espíritu Santo para obtener sabiduría. Es imperativo comunicarnos con Dios.

Sus oraciones son como sofisticados bombarderos que esquivan el sistema de radar de Satanás.

No podemos entender el lenguaje de Dios con nuestro intelecto. La unción hace impotente a Satanás.

El Espíritu Santo ora por el cumplimiento en nosotros de la voluntad de Dios.

¡Llame el fuego del cielo!

Pensamientos y reflexiones

Capítulo 2

¡Pida! ¡Busque! ¡Llame!

Uno de los temas más controversiales en toda la Biblia es el de la Deidad: "Oye, Israel: el Señor nuestro Dios, el Señor uno es" (Deuteronomio 6: 4).

Si hay un solo Dios, como lo enseña la Escritura, ¿cómo puede haber un Hijo que dice que él y el Padre son uno? ¿Cómo puede haber "tres que dan testimonio en el cielo: el Padre, el Verbo y el Espíritu Santo; y estos tres son uno? (1 Juan 5: 7).

El concepto de la Deidad es un misterio que ha dejado perplejos a los cristianos a través de los años. Con mentes limitadas tratamos de comprender a un Dios ilimitado. ¿Cómo podemos explicar un solo Dios que se nos presenta con tres manifestaciones diferentes? Algunos han usado la analogía del hielo, el agua líquida y en vapor que son en esencia una sola cosa pero difieren entre sí dependiendo de la temperatura. Otros han señalado que un hombre puede ser padre, esposo e hijo a la vez.

Aunque nunca comprenderemos completamente la Deidad, la Escritura enseña que la vida nuestra puede ser tremendamente impactada por la segunda persona de la Trinidad: el Espíritu Santo. El primer paso es darle la bienvenida o recibir su poder.

Usted puede recibir el Espíritu Santo

Usted tiene el derecho a recibir el Espíritu Santo porque Jesús oró para que lo recibiera: "Y yo rogaré al Padre, y os dará otro Consolador, para que esté con vosotros para siempre (Juan 14: 16).

Parakletos, la palabra griega traducida como consolador, significa "uno que está al lado para ayudar y para defender como abogado". También significa "otro como yo". La misma palabra en este pasaje significa "abogado". "Hijitos míos, estas cosas os escribo para que no pequéis; y si alguno hubiere pecado, abogado tenemos para con el Padre, a Jesucristo el justo (1 Juan 2: 1). Cristo es nuestro abogado en el cielo y el Espíritu Santo lo es en la tierra.

El Espíritu Santo nos fue dado para ayudarnos en muchas maneras. Él nos ayuda guiándonos:

> *Pero cuando venga el Espíritu de verdad, él os guiará a toda la verdad; porque no hablará por su propia cuenta, sino que hablará todo lo que oyere, y os hará saber las cosas que habrán de venir* (Juan 16: 13).

Él nos asegura que somos hijos de Dios:

> *"El Espíritu mismo da testimonio a nuestro espíritu, de que somos hijos de Dios"* (Romanos 8: 16).

Nos da poder para testificar:

> *Pero recibiréis poder, cuando haya venido sobre vosotros el Espíritu Santo, y me seréis testigos en Jerusalén, en toda Judea, en Samaria, y hasta lo último de la tierra* (Hechos 1: 8).

Nos ayuda a orar:

> *Y de igual manera el Espíritu nos ayuda en nuestra debilidad; pues qué hemos de pedir como conviene, no lo sabemos, pero el Espíritu mismo intercede por nosotros con gemidos indecibles* (Romanos 8: 26).

Nos capacita para producir el fruto del Espíritu:

> *Mas el fruto del Espíritu es amor, gozo, paz, paciencia, benignidad, bondad, fe, mansedumbre, templanza; contra tales cosas no hay ley.* (Gálatas 5: 22 – 23).

El Espíritu Santo está siempre presente. ¡Él es nuestro respaldo!

Cuando Jesús estaba a punto de partir oró para que viniera *Uno* como él. Ese *Uno* es el Espíritu Santo. Él Espíritu está al lado de los hijos de Dios para ayudarlos a realizar las mismas obras de Jesús, "y aún obras mayores".

> *De cierto, de cierto os digo: El que en mí cree, las obras que yo hago, él las hará también; y aun mayores hará, porque yo voy al Padre (Juan 14: 12).*

Los creyentes deben entender el ministerio del Espíritu Santo para poder cumplir la voluntad de Dios en sus vidas.

No estamos solos cuando yacemos en el lecho en la noche o cuando pasamos por las tormentas de la vida. Cuando pasamos por un valle o a través de una prueba, el Espíritu Santo está allí para defendernos. Dios nunca nos deja ni nos desampara (Hebreos 13: 5). Jesús está con nosotros "todos los días hasta el fin del mundo" (Mateo 28: 20). Cuando recibimos la plenitud del Espíritu Santo, recibimos a un amigo eterno. Jesús ora para que usted tenga una relación íntima con el Espíritu.

Muchos amigos están con nosotros hasta que nos metemos en líos o hasta que disentimos de ellos. Nos abandonan con prontitud y es como si nunca nos hubieran conocido. Pero el Consolador, el Espíritu Santo, está con nosotros para siempre.

Él no viene y se va al ritmo de las circunstancias. Está con nosotros cuando hacemos las cosas bien, y también cuando fracasamos. Cuando estamos arriba, él está con nosotros, y cuando estamos abajo, no nos abandona. No importa cuál sea la situación, el Espíritu Santo está siempre ahí para ayudarnos. De la misma manera que Jesús ayudó a sus discípulos nos ayuda el Santo Espíritu.

¿Cuándo recibimos el Espíritu Santo?

Este controversial interrogante se ha debatido a través de los siglos. La Palabra de Dios nos muestra que una persona recibe el Espíritu Santo como una señal de identidad para confirmar que es hijo o hija de Dios (ver Juan 3: 5 – 6; Romanos 8: 9, 14 – 16; Gálatas 4: 6). Jesús dijo a sus discípulos que el mundo (los incrédulos) no pueden recibir el Espíritu "porque no le ve, ni le conoce" (Juan 14: 17).

Sin embargo, la Escritura también nos muestra que recibir el Espíritu Santo en el momento de aceptar la salvación no es lo mismo que ser llenos de él. Algunos discípulos siguieron a Jesús durante años pero solo posteriormente recibieron el Espíritu y hablaron otras lenguas "según el Espíritu les concedió expresarse" (Hechos 2: 4, NVI).

> *"He aquí, yo enviaré la promesa de mi Padre sobre vosotros; pero quedaos vosotros en la ciudad de Jerusalén, hasta que seáis investidos de poder desde lo alto"* (Lucas 24: 49).

> *En el último y gran día de la fiesta, Jesús se puso en pie y alzó la voz, diciendo: Si alguno tiene sed, venga a mí y beba. El que cree en mí, como dice la Escritura, de su*

interior correrán ríos de agua viva. [39]*Esto dijo del Espíritu que habían de recibir los que creyesen en él; pues aún no había venido el Espíritu Santo, porque Jesús no había sido aún glorificado* (Juan 7: 37 – 39).

Así que, exaltado por la diestra de Dios, y habiendo recibido del Padre la promesa del Espíritu Santo, ha derramado esto que vosotros veis y oís. Porque David no subió a los cielos; pero él mismo dice: Dijo el Señor a mi Señor: Siéntate a mi diestra, Hasta que ponga a tus enemigos por estrado de tus pies. Sepa, pues, ciertísimamente toda la casa de Israel, que a este Jesús a quien vosotros crucificasteis, Dios le ha hecho Señor y Cristo. Al oír esto, se compungieron de corazón, y dijeron a Pedro y a los otros apóstoles: Varones hermanos, ¿qué haremos? Pedro les dijo: Arrepentíos, y bautícese cada uno de vosotros en el nombre de Jesucristo para perdón de los pecados; y recibiréis el don del Espíritu Santo. Porque para vosotros es la promesa, y para vuestros hijos, y para todos los que están lejos; para cuantos el Señor nuestro Dios llamare (Hechos 2: 33 – 39).

Y nosotros somos testigos suyos de estas cosas, y también el Espíritu Santo, el cual ha dado Dios a los que le obedecen. (Hechos 5: 32).

Cristo nos redimió de la maldición de la ley, hecho por nosotros maldición (porque está escrito: Maldito todo el que es colgado en un madero), para que en Cristo Jesús la bendición de Abraham alcanzase a los gentiles, a fin de que por la fe recibiésemos la promesa del Espíritu (Gálatas 3: 13 – 14).

Usted puede ser salvo y no necesariamente estar lleno o bautizado con el Espíritu Santo. Recibimos el Espíritu como una señal de identidad cuando somos salvos, pero nos espera otra experiencia: el bautismo en el Espíritu.

> *Mientras aún hablaba Pedro estas palabras, el Espíritu Santo cayó sobre todos los que oían el discurso. Y los fieles de la circuncisión que habían venido con Pedro se quedaron atónitos de que también sobre los gentiles se derramase el don del Espíritu Santo. Porque los oían que hablaban en lenguas, y que magnificaban a Dios* (Hechos 10: 44 – 46).

> *Aconteció que entre tanto que Apolos estaba en Corinto, Pablo, después de recorrer las regiones superiores, vino a Éfeso, y hallando a ciertos discípulos, les dijo: ¿Recibisteis el Espíritu Santo cuando creísteis? Y ellos le dijeron: Ni siquiera hemos oído si hay Espíritu Santo. Entonces dijo: ¿En qué, pues, fuisteis bautizados? Ellos dijeron: En el bautismo de Juan. Dijo Pablo: Juan bautizó con bautismo de arrepentimiento, diciendo al pueblo que creyesen en aquel que vendría después de él, esto es, en Jesús el Cristo. Cuando oyeron esto, fueron bautizados en el nombre del Señor Jesús. Y habiéndoles impuesto Pablo las manos, vino sobre ellos el Espíritu Santo; y hablaban en lenguas, y profetizaban. Eran por todos unos doce hombres* (Hechos 19: 1 – 7).

Los creyentes que menciona este pasaje no habían sido bautizados ni habían recibido la llenura del Espíritu Santo.

El apóstol Pablo dio mandamiento a los creyentes efesios de "ser llenos del Espíritu" (Efesios 5: 18). Ya habían sido salvos por la gracia de Dios (Efesios 2: 8 – 9) y sellados por el Espíritu Santo (Efesios 1: 13). Ellos habían sido ubicados en los cielos con Cristo Jesús (Efesios 2: 6), eran "hechura de Dios" (Efesios 2: 10), habían sido bendecidos con toda bendición espiritual, escogidos desde antes de la fundación del mundo, y predestinados para ser adoptados hijos de Dios por medio de Jesucristo (Efesios 1: 3 – 5).

Pero a pesar de todas estas cosas, el apóstol Pablo los exhortó a ser llenos del Espíritu Santo. Él no sugirió solamente que los santos recibieran la llenura del Espíritu: ¡les mandó que lo hicieran!

Al tratar este asunto, el apóstol expresó dos mandamientos: "No se embriaguen con vino" y "sean llenos del Espíritu" (Efesios 5: 18). El primer mandamiento está expresado en forma negativa (algo que *no* debemos hacer), dicho en esta forma para acentuar luego algo que *sí* debemos.

Embriagarse con vino equivale a estar intoxicado o bajo el control del vino. Estar embriagado significa que uno se ha dejado controlar por el alcohol. Para permanecer embriagado uno debe seguir ingiriendo lo que le causó la embriaguez.

Pablo sabía que los santos jamás vendrían a la iglesia o intentarían realizar algún tipo de servicio para el Señor bajo la influencia del vino. Pero si era erróneo intentar servir a Dios estando embriagado de vino, es igualmente equivocado tratar de servir a Dios sin estar lleno o "intoxicado" con el Espíritu Santo.

Cuando alguien está ebrio es una persona totalmente diferente. Quien está embriagado es osado y pierde el temor porque el vino obra en su conciencia. Su forma de hablar cambia y su andar es inestable. Los efesios necesitaban ser llenos del Espíritu Santo para ser felices y confiados, para caminar en la voluntad de Dios, para hablar de manera diferente y para perder el miedo al futuro.

A continuación el apóstol se enfocó en la familia, en las relaciones entre los esposos, y entre padres e hijos.

Efesios concluye con una discusión sobre la batalla que enfrentamos como hijos de Dios. Si hemos de ser partícipes de las bendiciones que Dios ha predestinado para nosotros, si somos hechura suya, si hemos de disfrutar un matrimonio feliz y criar hijos en el temor y amonestación del Señor, entonces debemos librar esta batalla espiritual. Pero si vivimos una vida llena del Espíritu tenemos equipo abundante para realizar nuestras tareas.

La Pascua debe preceder a Pentecostés

La nación de Israel reconocía muchas fiestas pero enfocaba su atención en la Pascua y el Pentecostés. Aunque estas dos fiestas eran básicamente para el pueblo de Israel, podemos hacer algunas dinámicas aplicaciones secundarias a la Iglesia.

La Pascua fue observada por los Israelitas desde su partida de la tierra de Egipto. Dios mandó a los ancianos de la nación que sacrificaran un cordero y aplicaran su sangre sobre los marcos de los dos lados y sobre el dintel de la puerta principal de toda casa. Esa noche Dios envió un ángel de la muerte a través de todo Egipto que mató al primogénito de cada familia. Pero el ángel pasaría de largo en donde viera la sangre y no ejecutaría el juicio que sucedió a los egipcios (Éxodo 12).

Esta figura es una representación de Jesús, quien es nuestro Cordero Pascual (1 Corintios 7). Por su muerte y su sangre derramada somos aceptos ante Dios. Al ver la sangre de Cristo nuestro substituto, Dios nos ha eximido del juicio que merecemos por nuestros pecados.

El lapso de tiempo que media entre la Pascua y Pentecostés es significativo. Pentecostés, que empezaba 50 días después de la Pascua, marcaba el comienzo de la recolección de la cosecha de la nación de Israel. La gente entraba a sus campos de labranza a recoger los diferentes frutos y granos. A Pentecostés también se le llamaba la "fiesta de las semanas" (Éxodo 34: 22), la "fiesta de la cosecha" (Éxodo 23: 16), y "el día de las primicias" (Números 28: 26).

De acuerdo con Levítico 23: 22, la cosecha tiene tres partes:

1. La cosecha principal que es la mayor parte.
2. Las esquinas de cada campo.
3. El rebusco de lo que quedó, que Dios ordenó a los Israelitas que dejaran para los pobres y los extranjeros.

En las palabras de Jesús en Hechos 1: 8 hay un paralelo de lo anterior. Él mencionó tres partes del ministerio evangelístico de los discípulos:

1. Jerusalén (la cosecha principal).
2. Judea y Samaria (las esquinas del campo).
3. Lo último de la tierra (la casa de Cornelio, los gentiles y los extranjeros).

En Pentecostés los creyentes recibieron poder para recoger su cosecha comenzando con Jerusalén, luego Judea y Samaria, y después lo último de la tierra. Esto dio cumplimiento a la profecía del Antiguo Testamento relativa al Pentecostés.

Jesús realizó nuestra Pascua y levantó el juicio que pesaba sobre el mundo (Juan 1: 29; 1 Corintios 5: 7). Permaneció en la tierra 40 días y luego fue llevado al cielo. El Espíritu Santo no vino hasta después de la Pascua. Jesús, nuestro Cordero Pascual, se hizo presente en el Pentecostés.

Algunas personas han enseñado erróneamente que no fueron salvos hasta que recibieron el Espíritu Santo y hablaron otras lenguas. Jesús nunca dijo tal cosa. Él dijo: "El mundo no puede recibir al Espíritu de verdad porque no le ve ni le conoce" (Juan 14: 17).

De la misma manera que la Pascua precedió al Pentecostés, debemos tener primero una experiencia con Jesús, permitiendo que su sangre nos limpie del pecado; luego nos convertimos en candidatos para el bautismo del Espíritu Santo.

> Jesús dijo que el Espíritu Santo estaba *con* los discípulos, pero después del Pentecostés estaría *en* ellos. Él dijo textualmente: "El Espíritu de verdad...el cual mora con vosotros, y estará en vosotros" (Juan 14: 17). Sin embargo, primero tuvieron que vivir la Pascua (la justificación por la sangre de Jesús) y luego experimentaron Pentecostés, el poder del Espíritu Santo.

Un digno candidato para Pentecostés

Antes de ascender a los cielos Jesús mandó a sus discípulos que esperaran la promesa del Espíritu Santo: "He aquí, yo enviaré la promesa de mi Padre sobre vosotros; pero quedaos vosotros en la ciudad de Jerusalén, hasta que seáis investidos de poder desde lo alto" (Lucas 24: 49).

Tenían que esperar solo porque el Espíritu Santo estaba haciendo su aparición física. Sin embargo, ahora que él ya vino, quienes experimentan la Pascua al aceptar a Jesucristo, el Cordero Pascual de Dios, pueden recibir el bautismo del Santo Espíritu.

Muchas personas no lo han recibido porque se sienten indignas. Si el asunto dependiera de nuestra propia dignidad o merecimiento, nunca podríamos recibir nada de Dios. La vida cristiana, de principio a fin, está basada en *la gracia*.

Dios no lo ve a usted tal como es sino a través de la sangre de Jesús. Cuando él murió en la cruz usted murió con él. Dios lo reconoce muerto con Cristo. *Reconocer* significa "darse cuenta de algo, ponerlo por escrito, documentarlo, tomar inventario".

Aunque usted no ha muerto físicamente, él registra su muerte con Cristo porque Dios lo ve en él cuando murió en la cruz.

Por eso es que usted debe tener la experiencia de la Pascua antes de que pueda tener Pentecostés. La Pascua lo hace un candidato digno y calificado para el Pentecostés. La Pascua aplica la sangre a la puerta de su corazón. Los dos marcos y el dintel forman una puerta en forma de cruz, la cual es figura de nuestra llegada a través de la cruz de Jesús.

Para acercarse en una manera apropiada delante de Dios siempre es necesaria la muerte de un substituto inocente. Dios derramó la sangre de un animal inocente para vestir a Adán y a Eva con su piel después de la caída (Génesis 3: 21). Cada familia Israelita en Egipto sacrificó un cordero inocente para marcar las puertas con su sangre (Éxodo 12: 3 – 7). Años más tarde se requirió la sangre de un hombre inocente y sin mácula para expiar el pecado.

> *El siguiente día vio Juan a Jesús que venía a él, y dijo: He aquí el Cordero de Dios, que quita el pecado del mundo* (Juan 1: 29).

> *Mas Dios muestra su amor para con nosotros, en que siendo aún pecadores, Cristo murió por nosotros. Pues mucho más, estando ya justificados en su sangre, por él seremos salvos de la ira* (Romanos 5: 8 – 9).

En cada uno de estos casos, un individuo, una familia, y el mundo, no pudieron vivir de acuerdo al estándar de un Dios santo. Solamente la muerte de un substituto proveyó al individuo, la familia y el mundo, el nivel que Dios demanda.

Cada área de su vida fue puesta bajo la sangre de Jesús. Él se ha convertido en su expiación, la cual significa *cubrir, borrar o cancelar*. También significa reconciliar y relacionar a una persona con otra.

Dios dice que usted es digno de recibir el bautismo del Espíritu Santo y Jesús ya ha orado para que lo reciba. ¿Sobre la base de sus méritos? Por supuesto que no. Usted nunca ha vivido ni vivirá de acuerdo a las expectativas de un Dios santo. Pero Jesús quien, "vive siempre para interceder" (Hebreos 7: 25), ora confiadamente porque murió por usted.

Más fácil de lo que usted piensa

Muchas personas piensan que el bautismo del Espíritu Santo y la vida llena de él es algo muy difícil, cuando en realidad es algo bastante sencillo. Esas personas enseñan que si usted espera, ora intensamente, si levanta sus manos, si persiste, si no se da por vencido durante tiempo suficiente, al fin recibirá el Espíritu. Aunque sus intenciones son buenas, su enfoque del asunto no es bíblico.

Podemos establecer tres requisitos en cuanto a recibir el Espíritu Santo:

1. Jesús está orando para que usted lo reciba.
2. Usted debe experimentar la Pascua antes de recibirlo.
3. Si ya tuvo su Pascua, ya es un candidato digno de recibir el poder de Pentecostés.

Si estas tres cosas están obrando a su favor –las oraciones de Jesús, la acción de la sangre de Jesús en su Pascua, y la expectativa del poder de Pentecostés–, usted es un candidato digno y calificado.

El principio es desearlo

> *Y yo os digo: Pedid, y se os dará; buscad, y hallaréis; llamad, y se os abrirá. [1]Porque todo aquel que pide, recibe; y el que busca, halla; y al que llama, se le abrirá* (Lucas 11: 9 – 10).

Jesús comenzó su disertación sobre el tema de recibir el Espíritu Santo utilizando una sencilla palabra de cinco letras: *pedid*. Cuando usted pide algo quiere decir que desea o necesita lo que pide. "Bienaventurados los que tienen hambre y sed de justicia, porque ellos serán saciados" (Mateo 5: 6)

Note estas dos palabras *hambre* y *sed*, las cuales implican un deseo, un anhelo, una expectativa, o una necesidad. Dios siempre mantiene a sus hijos con algún tipo de necesidad que él pueda satisfacer. Siempre nos quiere en dependencia de él.

Tener hambre o sed implica que estamos en necesidad y eso nos hace pedir y Dios siempre está atento al clamor de sus hijos. Jesús simplemente dijo: "Pidan. Yo sé que están hambrientos y sedientos y yo tengo lo que ustedes necesitan. Solamente pidan". Pedir significa ambas cosas: que necesitamos y queremos.

> *El Señor es mi pastor, nada me faltará*
> (Salmo 23: 1).

> *Mi Dios, pues suplirá todo lo que os falta conforme a sus riquezas en gloria en Cristo Jesús*
> (Filipenses 4: 19).

Dios no permitirá que sus necesidades y carencias queden insatisfechas, especialmente cuando usted desea ser semejante a él.

Tenemos que buscar aquello por lo cual pedimos

Jesús dijo que quienes buscan, encuentran. Buscar significa desear. Él quiere que deseemos al Espíritu Santo. ¿Adoptaría usted una actitud de no querer recibir cuando le pide algo a alguien? Jesús espera que nuestro corazón esté de acuerdo con lo que nuestros labios están expresando.

Dios recompensa a quienes lo buscan con diligencia (Hebreos 11: 6). Buscar o pedir con *diligencia* significa una actitud de querer recibir lo que se pide. Significa ansiar o implorar como una madre expectante lo hace.

El Espíritu Santo con su poder y el cambio que sólo él puede producir en su vida debe ser tan precioso que usted se negará a aceptar una falsificación. Ninguna otra cosa puede satisfacer. ¿Es su deseo tan profundo como para no aceptar una negativa? ¿Desea realmente el poder del Espíritu Santo?

Jesús enseñó este principio en la Parábola de la Moneda Perdida:

> *¿O qué mujer que tiene diez dracmas, si pierde una dracma, no enciende la lámpara, y barre la casa, y busca con diligencia hasta encontrarla?* [9]*Y cuando la encuentra, reúne a sus amigas y vecinas, diciendo: Gozaos conmigo, porque he encontrado la dracma que había perdido* (Lucas 15: 8 – 9).

Cuando esta mujer se dio cuenta que no tenía su preciosa moneda, encendió una luz, barrió la casa, y buscó diligentemente hasta que la encontró. Y nosotros debemos estar en la misma actitud de búsqueda ferviente en relación con el Espíritu Santo.

Al darnos cuenta de que no tenemos la plenitud del Espíritu debemos encender una luz. El salmista escribió: "La exposición de tus palabras alumbra" (Salmo 119: 130).

Debemos barrer la casa, lo cual significa despojarnos de cualquier cosa que no sea de Dios. Luego debemos buscar el Espíritu con diligencia. Debemos desearlo fervientemente y no ceder al respecto. Usted puede tener esa experiencia real; no es algo misterioso. Es la voluntad de Dios para su vida.

Aprendamos en retrospectiva

He aquí yo iré al oriente, y no lo hallaré; y al occidente, y no lo percibiré; si muestra su poder al norte, yo no lo veré; al sur se esconderá, y no lo veré (Job 23: 8 – 9).

Hay momentos en los cuales es difícil comprender los métodos de Dios, especialmente cuando discernir su voluntad es un intento frustrante. Y tal vez pasamos por ello porque no hemos recibido toda la información que necesitamos para entender sus caminos y sus hechos. Muchas veces aprendemos más al mirar hacia atrás que mientras estamos en el fragor de la lucha.

Yo puedo mirar hacia atrás a mi pasado y ver que la mano del Señor ha estado sobre mí durante toda mi vida. No obstante, hubo algunas veces cuando me sentí completamente solo y temeroso. Aún el mismo Jesús clamó una vez: "Elí, Elí, lama sabactani" Esto es: Dios mío, Dios mío, ¿Por qué me has desamparado?" (Mateo 27: 46b).

Colgando de la cruz, con su cuerpo apaleado y ensangrentado cuestionó los actos de Dios pero jamás cuestionó su relación con él. En esencia lo que él dijo fue: "No puedo entender por qué, ¡pero todavía tú eres mi Dios!"

Generalmente vemos la obra de Dios cuando miramos hacia atrás, pero mientras soportamos el embate de los recios vientos de la vida lo sentimos lejos y lo buscamos. Y quizá estamos en el mejor momento cuando lo estamos buscando, cuando no nos sentimos independientes sino necesitados. No hay tiempo para perder en cosas superfluas que no nos ayudan. En esos momentos sabemos que somos como Job para Dios. Si él no nos ayuda, morimos.

La búsqueda de Dios es una experiencia en que todos los cristianos tienen igualdad de oportunidades. No importa lo exitoso que usted sea, siempre tendrá momentos en que lo que necesita es encontrar a Dios. La consagración es la hermana gemela de la santificación. Nacieron juntas y están relacionadas. Usted no puede estar consagrado a algo sin estar santificado. La santificación lo separa de las distracciones y la consagración toma a esa persona separada y apaga su sed en la presencia del Señor.

> *Como el ciervo brama por las corrientes de las aguas, así clama por ti, oh Dios, el alma mía. Mi alma tiene sed de Dios, del Dios vivo; ¿cuándo vendré, y me presentaré delante de Dios? Fueron mis lágrimas mi pan de día y de noche, mientras me dicen todos los días: ¿Dónde está tu Dios? Me acuerdo de estas cosas, derramo mi alma dentro de mí; de cómo yo fui con la multitud, y la conduje hasta la casa de Dios, entre voces de alegría y de alabanza del pueblo en fiesta* (Salmo 42: 1 – 4).

La búsqueda de Dios es un primer paso en la adoración. Nunca buscamos algo que no valoramos. El solo hecho de que lo buscamos indica que Dios ha llegado a ser esencial para nosotros. Hay millones de personas que viven su vida sin que, al parecer, noten que algo falta en ella. Aparentemente no sienten un vacío real. El acto de separarnos de estas personas y decir "Dios, te necesito" es una forma de adoración. La intensidad con que un individuo busca lo invisible a pesar de todas las distracciones visibles es resultado de su necesidad. Si no necesitáramos a Dios desesperadamente, fácilmente podríamos satisfacernos con las cosas carnales.

Esconderse y buscar

Dios nos manda que lo busquemos pero no porque se esconda de nosotros. Él no es un niño jugando a esconderse para que lo busquen. Dios no se esconde tras los árboles a reírse tontamente mientras nosotros sufrimos. El mandato de buscarlo es más por nuestro bien que por el suyo. Cuando lo buscamos hacemos una decisión consciente que es indispensable para llevarnos al mundo de lo espiritual. La búsqueda de Dios produce beneficios en el carácter de quien lo busca. Cierto tipo de bendiciones nunca se reciben si no se buscan con diligencia. Es esta búsqueda de él lo que a menudo impulsa a Dios a actuar. Si así no fuera, la mujer con flujo de sangre jamás habría sido sanada (Mateo 9: 19 – 21). Su decisión consciente de buscar lo imposible puso en acción la virtud invisible de Dios.

> *Pero sin fe es imposible agradar a Dios; porque es necesario que el que se acerca a Dios crea que le hay, y que es galardonador de los que le buscan* (Hebreos 11: 6).

No hay manuales que nos den instrucción paso a paso en cuanto a la manera adecuada de buscar al Señor. Como en el enamoramiento o galanteo entre los sexos, la búsqueda es espontánea y concebida individualmente como resultado del momento. Algunos lo buscan en silencio con lágrimas que humedecen un rostro cansado. Otros lo buscan mientras caminan en la playa observando las olas en la noche. Algunos levantan sus manos y alaban. No existen reglas, tan solo que lo busquemos con todo el corazón.

Cuando se trata de asuntos espirituales somos como ciegos, estamos limitados. Pero esas limitaciones deben convertirse en un reto. Cuando existe un intenso deseo superamos la incapacidad y avanzamos en busca de la presencia divina.

Mi amigo querido, no tenga usted miedo de extender sus manos y esforzarse en alcanzar a Dios. Llore, haga lo que sea necesario pero no deje pasar el momento.

> *Y de una sangre ha hecho todo el linaje de los hombres, para que habiten sobre toda la faz de la tierra; y les ha prefijado el orden de los tiempos, y los límites de su habitación; para que busquen a Dios, si en alguna manera, palpando, puedan hallarle, aunque ciertamente no está lejos de cada uno de nosotros* (Hechos 17: 26 – 27).

Como manos que palpan en la oscuridad de la noche tratando de compensar la carencia de visión, así nos sentimos en la búsqueda de Dios. Buscamos su voluntad y sus sendas. A mí me asombran las personas que siempre parecen saber todo lo que Dios está diciendo acerca de todas las cosas. En el himno *My Faith Looks Up to Thee* [Mi Fe Espera en Ti], Ray Palmer y Lowell Mason escribieron: "Mi fe espera en ti, oh cordero del Calvario, divino Salvador". De un lado, mi fe espera en ti porque mis ojos no siempre pueden ver. Del otro, hay una saludable reacción que ocurre en la ceguera: los sentidos se agudizan al ejercitar áreas que normalmente no necesitaríamos.

Dios sabe lo que implica obligarnos a la búsqueda. Él sabe cómo sacarnos de una cómoda posición de supremacía. Hay momentos cuando aún los grandes sabios de esta era se lamentan en la noche. Cuando la concurrencia se ha ido y la multitud se ha dispersado, aún los líderes más sabios y profundos palpan en la oscuridad buscando el plan y propósito de Dios. A pesar de la firme postura, de la firmeza, del hablar ampuloso, en privado nuestro corazón tiembla ante la presencia de Dios cuya soberana voluntad escapa a menudo al ámbito del humano razonamiento.

Un esfuerzo unificado

La búsqueda produce respuestas. Jesús prometió: "Buscad y hallaréis" (Mateo 7: 7b). No encontraremos muchas cosas que están disponibles para nosotros si no las buscamos con intensidad. Buscar a Dios requiere concentración. Esta búsqueda tiene que ser lo que la policía llama una acción unificada, todos sus departamentos buscando una misma cosa. La nuestra no puede ser una búsqueda desganada motivada por la curiosidad. Debe haber algo que produzca un esfuerzo unificado para buscar a Dios. Cuerpo, alma y espíritu –todas las partes que constituyen el ser– deben buscar lo mismo. Hay una bendición esperándonos, pero es necesaria una acción unificada para hacerla realidad, y vale la pena. ¡Quién sabe lo que Dios puede hacer o dar si lo buscamos de una manera resuelta y decidida!

Creo que hay momentos cuando nos cansamos de las respuestas humanas. Los tiempos cruciales que nos llegan requieren algo más que un buen consejo; necesitamos una palabra de Dios. Hay momentos cuando necesitamos un aislamiento total. Llegamos del trabajo, desconectamos el teléfono, corremos las cortinas y esperamos delante del Señor para tener una relación más estrecha.

En el caso de Job, él estaba pasando por una crisis total. Sus finanzas se derrumbaron. Sus ganados, sus asnos y sus bueyes fueron destruidos. Sus cosechas desaparecieron. La crisis era equivalente a un colapso financiero de nuestros días con una pérdida total de dinero. Fue como si Job, el hombre más rico de su tiempo, hubiera ido a la bancarrota. Qué impacto para su sistema el enterarse cuan vulnerable era. Conmueve darse cuenta que un incidente o una secuencia de acontecimientos puede afectar radicalmente nuestro estilo de vida.

Por desgracia, se requiere un fracaso en el área de los negocios para que la mayoría de la gente se interese más por sus relaciones. Job probablemente hubiera acudido a sus hijos en busca de consuelo pero los había perdido también. Su matrimonio se había deteriorado hasta el punto que "su aliento vino a ser extraño para su mujer" (Job 19: 17). Luego también enfermó.

¿Ha pasado usted alguna vez por un tiempo en que sintió que estaba "de malas"? Todo lo que podía salir mal, ¡salía mal! La frustración se tornó en enajenación. ¿Qué hace usted cuando una crisis lo golpea y lo hace sentir como encarcelado? ¿Aprovecha ese momento para buscar a Dios o para rumiar su desgracia? Si responde correctamente este interrogante puede cambiar su prisión en un templo.

> *Buscad a Jehová mientras puede ser hallado, llamadle en tanto que está cercano. Deje el impío su camino, y el hombre inicuo sus pensamientos, y vuélvase a Jehová, el cual tendrá de él misericordia, y al Dios nuestro, el cual será amplio en perdonar* (Isaías 55: 6 – 7).

Job dijo: "He aquí, yo iré al oriente y no lo hallaré" (Job 23: 8ª). Causa terror no ver ningún cambio en el futuro que se avecina. Hay consuelo al saber que la adversidad actual pronto terminará. Pero, ¿qué consuelo puede haber cuando parece que el problema nunca cesará? Como una tormenta interminable, las aguas del desaliento comienzan a llenar su sacudida embarcación. De repente usted tiene un sentimiento de naufragio. Pero no hay manera de que el barco se hunda si no permite que las aguas penetren en él. Si la tormenta persiste, si los rayos continúan y los truenos retumban en la oscuridad de la noche, lo que importa es mantener las aguas fuera de la nave. Mantenga su espíritu libro de todo barullo.

¿Cuántas personas mueren innecesariamente luchando con las aguas? Decimos que se ahogaron porque no sabían nadar. Pero la verdad es que muchos se ahogan porque no pueden confiar en Dios. Si se relajaran, la misma corriente que los ahoga los levantaría y podrían flotar. No siempre son las circunstancias las que nos causan tanto daño; es la forma en que reaccionamos frente a ellas. El azote de la desesperación histérica nos hace sumergir bajo las corrientes que pronto pasarán si podemos mantener los sentidos en función.

En el lado izquierdo

¿Ha estado usted buscando y siente que en realidad no ha avanzado? Tal vez está más cerca de lo que piensa. Aquí tiene una pista que acabará con su búsqueda. Job nos dijo dónde encontrar a Dios al decirnos donde obra o trabaja. Si usted estuviera buscando a alguien y supiera el lugar de su trabajo, no tendría que buscarlo más. Job dijo que Dios obra en el lado izquierdo *"Cuando él obra en el lado izquierdo, yo no puedo contemplarlo"* (Job 23: 9, KJV).

Yo sé que usted lo ha buscado en el lado derecho y puedo entender por qué. En la Biblia el lado derecho representa poder y autoridad. Por eso dice que Cristo está sentado a la diestra de Dios *"Y el Señor, después que les habló, fue recibido arriba en el cielo, y se sentó a la diestra* [o derecha] *de Dios"* (Marcos 16: 19). Cuando usted dice que alguien es su mano derecha quiere decir que usted es el segundo en mando y autoridad. La *mano derecha* significa poder. Entonces es natural que si fuera a buscar a Dios, lo buscaría en el lado derecho. Admitido; él está en el lado derecho, pleno de autoridad. Pero olvida algo: su fortaleza se perfecciona en la debilidad (2 Corintios 12: 9). Él exhibe su gloria en las cenizas de la fragilidad humana. Él obra en el lado izquierdo.

Permítame utilizar a mi hija Cora como ilustración. Cuando ella nació, su mamá y yo notamos que aprendía a sostener su alimento en su mano derecha. Supusimos entonces que no era zurda. No obstante, para sorpresa nuestra, cuando creció un poco más notamos que lo hacía con la mano izquierda. Hasta hoy hace ciertas cosas con la mano derecha y otras con la izquierda. Técnicamente a eso se le llama ser ambidextro. Cora es lo que mi abuela llamaba una niña hábil con las dos manos. La mano que usaba dependía de lo que tratara de realizar. Cora es ambidextra. ¡Dios también! Hay veces en que se mueve en el lado izquierdo.

Escuche el martilleo de Dios con el espíritu. Usted no puede verlo cuando está obrando en el lado izquierdo; su obrar allí es invisible. Parece que no estuviera, pero está.

¡Tiene que llamar!

Quienes desean el poder del Espíritu Santo tienen que dar tres pasos: *pedir, buscar* y *llamar.* ¿Qué lo impulsa a abrir la puerta de su casa? Cuando alguien llama usted abre y mira a ver quién es y qué es lo que desea.

Jesús dijo que llamemos. Pero antes de llamar usted debe tener el deseo de pedir. Este deseo motivador hace que llegue a la puerta con gran expectativa y determinación. Buscó la puerta hasta encontrarla y ahora llama.

Parece que Jesús tuviera estos pasos fuera de orden, pero no es así. Si usted no tiene voluntad de pedir, no hay razón para llamar. Ocurre lo mismo si no tiene la voluntad de buscar. La acción de llamar está precedida por la voluntad de llamar y buscar diligentemente. El llamar le da acceso a lo que ha buscado con diligencia.

Cuánto más...

Las acciones de un padre terrenal pueden ser sesgadas. A veces puede ser testarudo y otras veces quizá dé por razones erróneas. Jesús lo dejó bien en claro: "Si vosotros, siendo malos, sabéis dar buenas dádivas a vuestros hijos, *¿cuánto más* vuestro Padre celestial dará el Espíritu Santo a los que se lo pidan?" (Lucas 11: 13). El énfasis está en "cuánto más".

Dios sabe que necesitamos el poder del Espíritu Santo. Los dones espirituales funcionan solamente en la medida en que el Espíritu Santo le da poder al hijo de Dios. Cuando pida y busque, recuerde que Dios conoce sus motivos. Él lo inviste con el poder del Espíritu para darle victoria sobre Satanás, para llenarlo de alegría y capacitarlo para operar con los dones del Espíritu.

Crea que la Palabra tiene autoridad: pida, busque y llame. Sea como la mujer que perdió su moneda; tenía tantos deseos de recuperarla que encendió una luz y barrió su casa hasta encontrarla.

El poder del Espíritu Santo

Las figuras y representaciones del Antiguo Testamento tienen su cumplimiento en el Nuevo. Daniel mencionó la presencia de un cuarto individuo en el horno de fuego junto a Sadrac, Mesac y Abednego, los tres jóvenes hebreos; Moisés habló de la roca que seguían los hijos de Israel; cada familia Israelita sacrificaba un cordero para la Pascua. Todos estos fueron figuras de Cristo.

Al Espíritu Santo también se le compara con el viento.

> *El viento sopla de donde quiere, y oyes su sonido; mas ni sabes de dónde viene, ni a dónde va; así es todo aquel que es nacido del Espíritu* (Juan 3: 8).

> *Y de repente vino del cielo un estruendo como de un viento recio que soplaba, el cual llenó toda la casa donde estaban sentados* (Hechos 2: 2).

El poder del Espíritu Santo puede hacer de usted todo lo que Dios dijo que podía ser. Adán es una ilustración perfecta de esta verdad. La Biblia dice que Adán era sólo una figura de barro hasta que Dios sopló en él (Génesis 2: 7). Sólo entonces llegó a ser un ser viviente.

Hasta entonces él tenía potencial pero no tenía poder. Cuando Dios sopló en él recibió el impulso de alcanzar su potencial. Esta mera forma de hombre llegó a ser un ser viviente. El adjetivo *viviente* significa estar vivo, fuerte, vibrante. Usted tiene un gran potencial en su vida, pero con ese gran potencial viene una gran responsabilidad. Dios lo ha moldeado y necesita poder para llegar a ser todo lo que él desea que sea. Sin el poder del Espíritu Santo puede ir al cielo pero nunca alcanzará su potencial de acción. Sin él su ministerio, sus dones, su llamamiento, su matrimonio, su vida, serán sólo una forma de lo que pudo haber sido.

Un grandioso ejército

Sin una palabra de Dios, sin el soplo energizante del Espíritu Santo, usted es sólo una forma de lo que puede ser. Es algo similar al valle de los huesos secos que vio Ezequiel. Ante el profeta yacía un ejército potencial, pero sin la palabra del Señor eran solamente una figura de lo que podía llegar a ser.

Miremos los cinco principios que podemos aprender de Ezequiel 37:

1. Usted debe estar dispuesto a confesar su situación. "Eran huesos secos en gran manera" (versículo 2).

2. Debe confesar que es solamente una forma de lo que podría ser.

- El valle estaba lleno de huesos (versículo 1)
- La estructura de un ejército solamente espera el mandato de Dios.

3. Tiene que oír la voz de Dios. "Profetiza sobre estos huesos, y diles: Huesos secos, oíd Palabra de Jehová" (versículo 4).

- La unción solamente viene sobre la verdad. Dios no pone su sello de aprobación en algo hasta que está seguro de que es suyo.
- La Palabra provee la verdad que finalmente nos libera (Juan 8: 32).

4. La Palabra producirá el cambio.

- Los huesos secos oyeron y revivieron (versículo 4).
- Escucharon de Dios su potencial: "yo hago entrar espíritu en vosotros, y viviréis" (versículo 5).
- Ellos sabían que en el estado en que se encontraban no estaban completos "Y pondré tendones sobre vosotros, y haré subir sobre vosotros carne, y os cubriré de piel" (versículo 6). La Palabra produjo un ruido cuando una gran cantidad de piezas desintegradas empezaron a integrarse (versículo 7). Dios hablará a sus sueños rotos y dispersos.
- La Palabra produjo un temblor (versículo 7). Necesitamos que nos sacudan de nuestra complacencia, tradición, formalismo y doctrinas.
- La Palabra formó personas reales con ojos, brazos, piernas y pies. Sin embargo, todavía no estaban completos porque "no había en ellos espíritu" (versículo 8).

5. El potencial se activaría cuando la palabra provocara la acción del viento. "Y me dijo: Profetiza al espíritu, profetiza, hijo de hombre, y di al espíritu: Así ha dicho Jehová el Señor: Espíritu, ven de los cuatro vientos, y sopla sobre estos muertos, y vivirán" (versículo 9).

El viento dio el potencial y la capacidad de realización. La Palabra vino de los cuatro puntos cardinales. Eso me dice a mí que no existe un área que Dios no pueda llenar con su Santo Espíritu: su pasado, su niñez, sus sentimientos de inferioridad, sus heridas, su soledad. El Espíritu Santo puede llenarlo a usted y puede llenarlo todo desde el norte, el sur, el este y el oeste.

Este montón de huesos tenía un potencial que Ezequiel no podía ver. De igual manera, usted posee un potencial invisible. La Palabra de Dios dice que usted es capaz. En su interior hay un ejército; lo único que necesita es disipar el temor que proviene de Satanás y permitir que el viento del Espíritu sople sobre lo que Dios ya ha formado en usted.

Puntos de reflexión:

El Espíritu Santo es nuestro respaldo.

El Consolador está siempre con nosotros.

A los santos se les manda que reciban la llenura del Espíritu Santo.

La gracia es el fundamento de la vida cristiana.

¡Pida!

¡Busque!

¡Llame!

La búsqueda de Dios produce en nosotros lo mejor.

Búsquelo con todo el corazón.

¡Confíe!

Alcance su potencial con el poder del Espíritu Santo.

Dentro de usted hay un ejército.

Pensamientos y reflexiones

Capítulo 3

Lenguas de Fuego y el Fuego del Refinador

Antes del Pentecostés el Espíritu Santo había venido esporádicamente sobre algunos hombres y mujeres capacitándolos para realizar ciertas tareas específicas que Dios les había asignado, tal como lo describe el Antiguo Testamento. El Pentecostés cumplió la profecía del Antiguo Testamento y muchas predicciones que el mismo Jesús hizo.

Cristo enseñó a sus discípulos a orar: "Venga tu reino" (Mateo 6: 10). El apóstol Pablo dijo: "Porque el reino de Dios no es comida ni bebida, sino justicia, paz y gozo en el Espíritu Santo" (Romanos 14: 17).

El Espíritu Santo vino como la autoridad y el poder del Reino de Dios. Los discípulos fueron testigos de los milagros de Jesús. Presenciaron su muerte y sepultura. También lo vieron como el Cristo resucitado y disfrutaron su presencia tres días después, lo cual los maravilló. Aún Tomás, quien dudaba, se asombró y declaró: "¡Señor mío, y Dios mío!" (Juan 20: 28).

Aunque vieron y testificaron de estos hechos, no podían sencillamente salir a predicar. Jesús les había dado instrucciones específicas: "Quedaos vosotros en la ciudad de Jerusalén, hasta que seáis investidos de poder desde lo alto" (Lucas 24: 49).

Dios quiso que un testigo del cielo capacitara a la raza humana: "Solamente un vaso terreno con poder de los cielos podía declarar las glorias del mundo futuro".

La doctrina del hablar en lenguas y el bautismo del Espíritu Santo ha sido causa de mucha controversia. Vayamos a las Escrituras y miremos el primer derramamiento del Espíritu.

> *Cuando llegó el día de Pentecostés, estaban todos unánimes juntos. Y de repente vino del cielo un estruendo como de un viento recio que soplaba, el cual llenó toda la casa donde estaban sentados; y se les aparecieron lenguas repartidas, como de fuego, asentándose sobre cada uno de ellos. Y fueron todos llenos del Espíritu Santo, y comenzaron a hablar en otras lenguas, según el Espíritu les daba que hablasen* (Hechos 2: 1 – 4).

¿Qué y cómo ocurrió el día de Pentecostés?

1. El hecho ocurrió en el momento preciso. "Cuando llegó el día de Pentecostés..." (versículo 1).
2. Un estruendo de los cielos, como de un viento recio, llenó toda la casa donde estaban sentados (versículo 2).
3. "...lenguas... de fuego... se asentaron sobre ellos (versículo 3).
4. "Fueron llenos del Espíritu Santo, y comenzaron a hablar en otras lenguas" (versículo 4).
5. Hablaron "según el Espíritu les daba que hablasen" (versículo 4b).

El Pentecostés vino en su plenitud

El pueblo judío estaba familiarizado con el término *Pentecostés.* Todos los tipos y las representaciones que Dios mostró en el

Antiguo Testamento se manifestaron y tuvieron cumplimiento en el Nuevo. En el Antiguo Testamento Dios se reveló a Israel de muchas maneras. Él se dio a conocer como el "YO SOY" y prometió sustentarlos durante la jornada desde Egipto hasta Canaán. Para todo lo que necesitaran, él era el Yo Soy del sustento.

Una palabra de Jesús nos aclara este concepto. Él dijo: "Mi Padre os da el *verdadero* pan del cielo" (Juan 6: 32).

Verdadero significa "sin encubrimientos ni misterios". A través de todo el Antiguo Testamento Dios estuvo encubierto por diferentes tipos y figuras. Pero en el Nuevo Testamento ya no está más encubierto. Todo lo que él era en figura y representación en el Antiguo Testamento se hizo realidad en el Nuevo.

Pentecostés fue una figura de algo que un día explotaría y transformaría este mundo por toda la eternidad.

Pentecostés significa el "día cincuenta". La frase "cuando llegó el día de Pentecostés" significa que el día cincuenta después de la Pascua había llegado.

Todo lo que era necesario que ocurriera antes de este día memorable, había ocurrido. Jesús, el Cordero Pascual, había muerto y resucitado de entre los muertos. Había caminado con sus discípulos; fue confirmado 40 días con sus noches con muchas pruebas indubitables y fue recibido arriba en gloria.

Una Pascua personal debe preceder a nuestro Pentecostés. La sangre de Cristo nos prepara para Pentecostés, lavando nuestros pecados y prejuicios, capacitándonos para reunirnos con hombres y mujeres devotos de todas las naciones. Usted no puede tener un Pentecostés con Dios si está prejuiciado contra la gente; puede que no sea un prejuicio racial pero quizá un prejuicio experimental. Algunas personas han establecido una escala de calificación de uno a diez para juzgar los pecados. El pecado, que sencillamente significa errar el blanco, no tiene, a los ojos de Dios, una gradación en cuanto a severidad.

Dios está derrumbando las barreras raciales, étnicas y religiosas y uniendo personas de diferentes trasfondos con un propósito: alcanzar el mundo para Jesús. Es necesario que se diga de nosotros que "nuestro Pentecostés ha venido plenamente". *Plenamente* significa en este caso "venir con un fin esperado, venir con expectativa, venir para tomar parte en una misión".

El Pentecostés marcaba, para el pueblo judío, el comienzo de la misión de recoger los frutos de sus labores. El segundo capítulo del libro de los Hechos marcó el comienzo de la misión de la Iglesia de recoger las almas perdidas. Necesitamos el Pentecostés para surgir plenamente en la vida al enamorarnos de Jesús, el Cordero Pascual, para llevar a cabo la recolección de su cosecha.

El estruendo llenó la casa

El estruendo de los cielos "llenó toda la casa donde estaban sentados". Este sonido fue una señal que testimoniaba que los cielos estaban hablando. La palabra griega traducida aquí como estruendo denota un sonido como el trueno o una voz rugiente; algo parecido al ruido de un tornado que antecede a una tormenta.

Este viento lo llenó todo, el piso alto, el bajo, las alcobas, los armarios. Todos los utensilios de la casa: las jarras, los vasos, objetos importantes e insignificantes. Esto indica que cualquiera puede ser lleno con el Espíritu Santo.

Hemos visto creyentes Bautistas, Metodistas, Católicos y de todas las denominaciones cristianas ser llenos del Espíritu Santo con la evidencia de hablar en otras lenguas. El único requisito obligatorio es que usted sea un creyente: un hijo de Dios nacido de nuevo lavado por la sangre de Jesús (Hechos 2: 38, 39; Juan 14: 17).

¿Qué me dice del lugar eclesial donde usted se encuentra? ¿Está lleno del Espíritu Santo? ¿Ha experimentado su congregación un Pentecostés que lo ha llenado todo en su interior? Una persona llega a ser un reflejo del ambiente que la rodea. Usted empezará a parecerse a lo que haya a su alrededor, sea bueno o malo.

Lenguas de fuego se asentaron sobre cada uno de ellos

Esta experiencia no fue para unos pocos elegidos. Las lenguas de fuego se posaron sobre cada persona, hombres y mujeres, jóvenes y viejos, apóstoles y discípulos. Al oír el estruendo la multitud asombrada se preguntó: "¿Qué quiere decir esto?" El apóstol Pedro se puso en pie, y dijo:

> *Esto es lo dicho por el profeta Joel: y en los postreros días, dice Dios, derramaré de mi Espíritu sobre toda carne, y vuestros hijos y vuestras hijas profetizarán; vuestros jóvenes verán visiones, y vuestros anciano soñarán sueños; y de cierto sobre mis siervos y sobre mis siervas en aquellos días derramaré de mi Espíritu, y profetizarán* (Hechos 2: 16 – 18).

Dios quiso que su Espíritu, que es fuego consumidor, se posara sobre cada uno de sus hijos. El apóstol Pedro le dijo a la multitud: *"Porque para vosotros es la promesa, y para vuestros hijos, y para todos los que están lejos; para cuantos el Señor nuestro Dios llamare"* (Hechos 2: 39).

Pedro, que luego predicaría a los gentiles en casa de Cornelio el centurión, dijo: "En verdad comprendo que Dios no hace acepción de personas" (Hechos 10: 34). Él vio caer el Espíritu Santo sobre los concurrentes, aún antes de terminar su sermón, confirmando así la promesa de Dios.

Ellos hablaron en otras lenguas.

"Comenzaron a hablar en otras lenguas" (Hechos 2: 4).

En el original griego, en este pasaje, la palabra traducida como "lenguas" es *glosary*, la cual significa sencillamente "un lenguaje".

Judíos devotos de todas las naciones se habían reunido en Jerusalén para celebrar el Pentecostés (día cincuenta después de la pascua). Cuando el Espíritu Santo fue derramado y los discípulos comenzaron a hablar en lenguas, esto causó conmoción.

> *Y hecho este estruendo, se juntó la multitud; y estaban confusos, porque cada uno les oía hablar en su propia lengua. Y estaban atónitos y maravillados, diciendo: Mirad, ¿no son galileos todos estos que hablan? ¿Cómo, pues, les oímos nosotros hablar cada uno en nuestra lengua en la que hemos nacido? Partos, medos, elamitas, y los que habitamos en Mesopotamia, en Judea, en Capadocia, en el Ponto y en Asia, en Frigia y Panfilia, en Egipto y en las regiones de África más allá de Cirene, y romanos aquí residentes, tanto judíos como prosélitos, cretenses y árabes, les oímos hablar en nuestras lenguas las maravillas de Dios* (Hechos 2: 6 – 11).

Lucas menciona una enorme cantidad de personas procedentes de unos doce lugares del país que hablaban diferentes idiomas y dialectos. Las lenguas permitieron a la multitud escuchar las maravillas de Dios, cada quien en su propia lengua.

El Espíritu les daba que hablasen

Los discípulos hablaron en otras lenguas "según el Espíritu les daba que hablasen" (Hechos 2: 4), a medida que el Espíritu les dio expresión. Eso significa la capacidad de hablar llanamente y de declarar o enunciar con claridad. La gente habló pero las palabras fueron una expresión de la capacidad dada por el Espíritu Santo. Hablaron según el Espíritu les daba que hablasen.

Cuando usted hace algo, lo hace con ayuda. Si camina por la habitación, lo hace a medida que sus pies se mueven. Sus pies son las herramientas que usa para realizar la acción de caminar. Suponga que usted vuela a Chicago. Se podría decir que viajó allí en la medida en que el avión voló, es decir que usted voló con la ayuda del avión.

Los creyentes en Pentecostés hablaron el idioma de los cielos pero solamente en la medida en que el Espíritu Santo les dio expresión.

Dios les dio un patrón

Como lo mencioné previamente, el Antiguo Testamento comunica muchas verdades que están veladas en forma de tipos y figuras. El tabernáculo del Antiguo Testamento mostraba mediante cierto tipo o representación la gloria de Dios en el rostro de Jesucristo. El tabernáculo no fue idea de Moisés. Dios le dio el diseño y él edificó conforme al patrón que vio en el monte (Éxodo 25: 8 – 40).

> *Como se le advirtió a Moisés cuando iba a erigir el tabernáculo, diciéndole: Mira, haz todas las cosas conforme al modelo que se te ha mostrado en el monte* (Hebreos 8: 5).

Moisés solamente construyó lo que el cielo había visualizado. Las lenguas no son diferentes a un patrón.

Así como a Moisés se le mando edificar sobre el patrón o modelo, de igual manera debemos hablar según el Espíritu nos da la expresión o capacidad de hablar o enunciar.

Las personas que tienen dificultad para oír, casi siempre tienen también impedimentos para hablar. La capacidad de oír nos permite ejercer la capacidad de hablar o enunciar. Si no podemos oír estamos limitados para hablar. Y esto se aplica también en el mundo del Espíritu.

Tenemos que oír primero para poder hablar. El día de Pentecostés los discípulos oyeron "del cielo un estruendo como de un viento recio… y comenzaron a hablar en otras lenguas, según el Espíritu les daba que hablasen" (Hechos 2: 2 – 4). Ellos oyeron y luego hablaron.

Dios dijo que Israel no lo escuchaba por causa de sus oídos incircuncisos. Eso significa sencillamente que eran carnales. Para escuchar al Espíritu tenemos que andar en el Espíritu. Para entender los caminos de Dios es necesario que escuchemos no la lógica humana sino a "Aquel que escudriña los corazones [Dios] y sabe cuál es la intención del Espíritu" (Romanos 8: 27).

En el Antiguo Testamento Dios expresó un patrón sobre el cual quería que se edificara en la tierra, y también utilizó un sonido para testificar a los santos de esas épocas. Él no ha cambiado los métodos para los que vivimos en el día de hoy.

Éxodo 28: 33 – 35 describe el diseño de los vestidos del sumo Sacerdote. En el borde de su manto había granadas de color azul, púrpura y carmesí, simbolizando la frescura de la vida, la realeza y la sangre. Una campana de oro era colocada a ambos lados de las frutas como un símbolo para la gente. Cuando el sumo sacerdote entraba al lugar santo para ministrar como mediador tomaba sangre y la ofrecía sobre el trono de misericordia. La gente no podía verlo pero cuando escuchaban el sonido de las campanas sabían que el sacrificio había sido aceptado y el sacerdote vivía. Este sonido era una señal de que sus pecados habían sido expiados.

Después de la resurrección de Cristo él se apareció a los discípulos y a otros muchos durante cuarenta días. Antes de ascender a los cielos les dijo a sus seguidores que esperaran la promesa del Padre y ellos lo hicieron; se reunieron y en oración esperaron mientras Cristo asumía el oficio de sacerdote para siempre.

Los judíos sabían que la Pascua implicaba la muerte de un cordero inocente. Cincuenta días después empezaba la cosecha o la fiesta de la recolección. Jesús dijo que él era el Cordero Pascual. Pentecostés señalaba que 50 días habían pasado desde cuando él derramó su sangre para perdón de nuestros pecados.

La espera de los discípulos terminó. "Cuando llegó el día de Pentecostés... de repente vino del cielo un estruendo" (Hechos 2: 1 – 2). Este sonido fue el cumplimiento de lo que simbolizaban las granadas y las campanas de oro. Las campanas eran una señal de que el sacrificio había sido aceptado y el Espíritu Santo fue el sonido que señaló que nuestros pecados habían sido expiados.

¿Han cesado las lenguas?

> *El amor nunca deja de ser; pero las profecías se acabarán, y cesarán las lenguas, y la ciencia acabará. [9]Porque en parte conocemos, y en parte profetizamos; [10]mas cuando venga lo perfecto, entonces lo que es en parte se acabará* (1 Corintios 13: 8 – 10).

Muchas denominaciones se han basado en este pasaje para concluir que los dones espirituales, incluyendo las lenguas, han cesado. Pero, ¿es correcta esta afirmación?

Dicen que "lo perfecto" es la Palabra escrita que ya está completa. Si ello es cierto, entonces el conocimiento también cesó, y sabemos que no es así. Pero al poner este pasaje en su contexto, las lenguas, las profecías y el conocimiento todavía existen porque "lo perfecto" (la segunda venida de Cristo) no ha ocurrido todavía.

Los dones del Espíritu nos capacitan para tener una vislumbre de su gloria, pero todavía "conocemos en parte, y en parte profetizamos" (1 Corintios 13: 9). Las representaciones, las imágenes, la vislumbre de su gloria, son pálidos reflejos comparados con Cristo mismo cuando él reine en gloria. Los dones nos ayudan y satisfacen muchas de nuestras necesidades, pero cuando veamos a Jesús cara a cara prescindiremos de ellos porque tendremos al dador, Jesucristo mismo.

No importa cuán espirituales lleguemos a ser, qué tanto griego y hebreo lleguemos a aprender, cuánto oremos y estudiemos, nuestra comprensión de Dios en el mejor de los casos será sólo parcial. El apóstol Pablo escribió: "Ahora vemos por espejo, oscuramente; mas entonces veremos cara a cara. Ahora conozco en parte; pero entonces conoceré como fui conocido" (1 Corintios 13: 12). Hasta entonces, las lenguas continuarán para el uso y la edificación del creyente.

Por qué las lenguas

Dios escogió las lenguas como señal por una importante razón. Podemos entender su soberana elección de las lenguas en este pasaje:

> *Porque todos ofendemos muchas veces. Si alguno no ofende en palabra, éste es varón perfecto, capaz también de refrenar todo el cuerpo. He aquí nosotros ponemos freno en la boca de los caballos para que nos obedezcan, y dirigimos así todo su cuerpo. Mirad también las naves; aunque tan grandes, y llevadas de impetuosos vientos,*

> *son gobernadas con un muy pequeño timón por donde el que las gobierna quiere. Así también la lengua es un miembro pequeño, pero se jacta de grandes cosas. He aquí, ¡cuán grande bosque enciende un pequeño fuego! Y la lengua es un fuego, un mundo de maldad. La lengua está puesta entre nuestros miembros, y contamina todo el cuerpo, e inflama la rueda de la creación, y ella misma es inflamada por el infierno. Porque toda naturaleza de bestias, y de aves, y de serpientes, y de seres del mar, se doma y ha sido domada por la naturaleza humana; pero ningún hombre puede domar la lengua, que es un mal que no puede ser refrenado, llena de veneno mortal* (Santiago 3: 2 – 8).

Hagamos un resumen de algunas de estas verdades:

- Las bestias y animales en general son domados por el ser humano aunque él no ha podido domar su lengua.
- Si podemos controlar la lengua, controlamos todo el cuerpo.
- Cosas grandes pueden ser controladas mediante algo muy pequeño.
- La lengua es un fuego.

Con frecuencia Dios emplea ejemplos naturales para ayudarnos a comprender algo espiritual. Muy a menudo Jesús hizo otro tanto y utilizó analogías naturales, físicas, tangibles, en sus parábolas. Al describir las realidades del Reino de Dios habló de un hombre que sembró semilla, de una mujer que buscó una moneda perdida, y de siervos que invirtieron el dinero de su señor.

En este pasaje Dios utiliza otra vez el fuego como ejemplo para enseñar una verdad. La lengua es *un fuego* que puede salirse de control, algo que es difícil, si no imposible, domar. Si podemos controlar la lengua ello nos capacita para controlar los demás aspectos de la vida.

Santiago señala que algo muy grande se puede guiar mediante algo muy pequeño. Un caballo se puede controlar por el freno pequeño en su boca. Él sabía que un caballo no se puede domar atándolo con cadenas o con algo alrededor de su nuca, pero sí con el freno en su boca. De igual manera un navío grande puede ser guiado con poco esfuerzo a través de aguas tempestuosas utilizando una pequeña rueda –el timón– que controla su dirección.

Cuando somos llenos del Espíritu Santo, el Espíritu actúa como freno. Él pone freno a nuestra boca y controla lo que hablamos. Cuando usted desea decirle unas cuantas ofensas a alguien, el Espíritu Santo lo controla. ¿No es emocionante el hecho de que Dios tome la lengua, un miembro de nuestro cuerpo conocido por ser "un fuego, un mundo de iniquidad" y la santifique para sus propósitos?

Cuando Dios llenó a los discípulos el día de Pentecostés envió lenguas de fuego que se asentaron sobre cada uno de ellos. Dios hizo que hablaran con un lenguaje celestial, demostrando que tenía el control de estos creyentes.

¿Por qué escogió Dios las lenguas como señal? Él tomó el miembro más difícil e incontrolable de nuestro cuerpo e hizo que se sometiera al habla divinamente inspirada. Controlar la lengua es algo que no podemos hacer por esfuerzo propio, pero el derramamiento sobrenatural del Espíritu Santo capacitó a los discípulos para usar sus lenguas para los propósitos de Dios y hará lo mismo con nosotros.

Dos tipos de lenguas

Hablar en lenguas puede ocurrir en dos escenarios diferentes. Un creyente puede hablar en lenguas en privado para tener comunión con Dios:

> *Porque el que habla en lenguas no habla a los hombres, sino a Dios; pues nadie le entiende, aunque por el Espíritu habla misterios... El que habla en lengua extraña, a sí mismo se edifica* (1 Corintios 14: 2, 4).

La Escritura también enseña sobre el don de lenguas o "diversas [diferentes] clases de lenguas".

Las que se mencionan en la primera carta a los Corintios 12: 10, sin las que se utilizan en una asamblea pública. El apóstol dio instrucciones para regular este don: "Si habla alguno en lengua extraña, sea esto por dos, o a lo más tres, y por turno; y uno interprete" (1 Corintios 14: 27).

Sin la interpretación de lenguas, la iglesia no es edificada.

> *Así que, quisiera que todos vosotros hablaseis en lenguas, pero más que profetizaseis; porque mayor es el que profetiza que el que habla en lenguas, a no ser que las interprete para que la iglesia reciba edificación* (1 Corintios 14: 5).

También encontramos la frase "a éste es dada..." (1 Corintios 12: 8), lo cual implica que no todos tienen el mismo don, como tampoco todos los miembros de un cuerpo tienen las mismas funciones.

Un cuerpo tiene muchos miembros, no obstante las funciones de unos y otros son diferentes. La mano no puede funcionar como pie, o viceversa. De igual manera, el Espíritu da dones diferentes a diferentes personas.

En 1 Corintios 12: 4 -7 también encontramos cuatro importantes verdades:

1. Los dones provienen del Espíritu (versículo 4).
2. Cada don tiene una administración diferente (versículo 5).
3. Cada don tiene una diferente operación (versículo 6).
4. Los dones son dados "a cada uno para provecho" (versículo 7).

Los dones del Espíritu siempre se manifiestan para ministrar y ayudar a la gente, nunca para causarles daño, confusión o división. Hay diferencia entre el don de lenguas y las lenguas utilizadas como lenguaje de oración. El don de lenguas beneficia a los oyentes; las lenguas en la oración benefician sólo a quien las habla. Si usted no entiende la diferencia entre hablar en lenguas y el don de lenguas, no ha entendido todo el asunto y estará confuso. Como resultado puede confundir también a otros.

Cuando el Espíritu da el don de lenguas en una asamblea pública, el mensaje debe ser interpretado para que los oyentes se beneficien. Sin embargo, a veces el don es dado para ministrar a los oyentes en su propia lengua, tal como ocurrió el día de Pentecostés (Hechos 2: 6).

Por ejemplo, suponga que usted estuviera en Rusia y que el Espíritu Santo lo capacitara para hablar fluidamente en ruso. Esta señal milagrosa haría que la gente lo entendiera en su propio idioma y sería un testimonio y una confirmación del don en sí mismo.

> *En la ley está escrito: En otras lenguas y con otros labios hablaré a este pueblo; y ni aun así me oirán, dice el Señor. Así que, las lenguas son por señal, no a los creyentes, sino a los incrédulos; pero la profecía, no a los incrédulos, sino a los creyentes* (1 Corintios 14: 21 – 22).

Dios dijo que hablaría a los hombres en otras lenguas y con otros labios "y ni aun así me oirán". ¿No es asombroso que la gente pueda ver el don de Dios en operación y oír la manifestación del Espíritu Santo y no obstante no crea? En Pentecostés, los que se burlaban concluyeron que "estos están llenos de mosto [vino] (Hechos 2: 13).

La llenura del Espíritu Santo nos da un tremendo poder para vivir la vida cristiana.

Capacitación y poder, no diversión

El Espíritu Santo no fue dado a la Iglesia para entretener o divertir a las congregaciones sino para darles poder. Jesús dijo: "Recibiréis poder, cuando haya venido sobre vosotros el Espíritu Santo" (Hechos 1: 8). El Espíritu Santo nos da poder, no para gritar, para correr por los pasillos o para hacer un show. Él nos capacita para intervenir en la sociedad como testigos.

Jesús les dio estas instrucciones a los discípulos:

> *Y estas señales seguirán a los que creen: En mi nombre echarán fuera demonios; hablarán nuevas lenguas* (Marcos 16: 17 – 18).

El libro de los Hechos relata las maravillosas señales y los prodigios que ocurrieron a través de los discípulos. ¿Cuál fue el catalizador para estos milagros? El Pentecostés. Después de ser investidos con poder de lo alto "ellos, saliendo, predicaron en todas partes, ayudándoles el Señor y confirmando la palabra con las señales que la seguían" (Marcos 16: 20).

Esa es la clase de poder que necesitamos para transformar nuestras vidas, nuestras familias, nuestras iglesias y nuestra sociedad. Para lograr ese fin, *el Refinador divino* utiliza su fuego para purificar su creación y hace que sus vasos lleguen a ser todo lo que él planeó que fueran.

El Fuego del Refinador

Con frecuencia enfrentamos desánimo en este mundo. Muchos individuos jamás han tenido a alguien que crea en ellos. Aún después de haber logrado algún nivel de éxito en un área o en otra, muchos no han tenido quién les señale su potencial. ¿No es asombroso el hecho de que podamos ver tanto potencial en otros y sin embargo se nos haga tan difícil desenterrar el propio tesoro que yace escondido en nosotros? Las personas altamente motivadas también necesitan de alguien que les subraye sus fortalezas y debilidades. Nutrirlo es la inversión necesaria para estimular el potencial que poseemos.

Es muy diferente el semblante de un niño que ha recibido una buena cantidad de afecto y afirmación. Cuando alguien invierte en nuestra personalidad recibimos una gran cantidad de afirmación en nuestro carácter. Yo creo que las personas son la mayor inversión en el mundo. Así se establece un vínculo maravilloso entre la persona que invierte y la que recibe la inversión.

Aunque es cierto que el fuego no puede destruir el oro, es importante notar que sí lo purifica. Cuando Dios se propone pulir el oro que posee (nosotros), utiliza pruebas de fuego. Infortunadamente nada produce brillo en su carácter y su compromiso como la oposición. El producto terminado es el resultado de un proceso de fuego. Cuando quiera que vea a alguien que brilla con el tipo de brillo que permite a Dios verse reflejado en él, usted está viendo a una persona que ha pasado por el horno de la aflicción.

Ahora, permítame hacerle una advertencia: Dios hace pasar sus preciadas posesiones por el fuego. Los vasos que producen el brillo más glorioso seguramente han pasado por el crisol de la aflicción. La mala noticia es que aún quienes viven cristianamente sufren persecución; la buena es que usted puede estar en medio del fuego, ¡pero Dios controla la temperatura! Él sabe qué tan intenso debe ser el calor para lograr su propósito en su vida. No conozco a ningún otro a quien confiar el termostato que al Dios de toda gracia.

Cada prueba tiene sus grados. Algunas personas experimentan aflicciones similares pero en grados diferentes. Dios sabe cuál es la temperatura que quema las impurezas para lograr su propósito. Es triste tener que admitirlo, pero muchas veces nos deshacemos de la impiedad de nuestra vida solamente cuando experimentamos el horrible castigo de un Dios fiel que está decidido a hacernos cambiar. ¡Cuántas veces él ha tenido que acercarme las llamas para producir los efectos que deseaba en mi vida! En resumen, Dios es serio en cuanto a producir en nuestras vidas el cambio que lo glorifique.

> *Yo a la verdad os bautizo en agua para arrepentimiento; pero el que viene tras mí, cuyo calzado yo no soy digno de llevar, es más poderoso que yo; él os bautizará en Espíritu Santo y fuego. [12]Su aventador está en su mano, y limpiará su era; y recogerá su trigo en el granero, y quemará la paja en fuego que nunca se apagará* (Mateo 3: 11 – 12).

Su mano ha encendido las llamas que son necesarias para enseñarnos paciencia, oración, y muchas otras invaluables lecciones. Necesitamos su corrección. No nos gusta, pero la necesitamos. Sin la corrección del Señor seguimos por el mismo camino. Qué gozo tan grande es saber que Dios se interesa lo suficiente como para enderezar lo que hay torcido en nosotros. Es su paternal corrección la que nos confirma como sus hijos legítimos, no ilegítimos. Al corregirme y disciplinarme, Dios afirma mi posición en él.

> *Pero si se os deja sin disciplina, de la cual todos han sido participantes, entonces sois bastardos, y no hijos* (Hebreos 12: 8).

Es imposible discutir el valor de invertir en la gente sin que ello provoque adoración a Dios. ¡Qué magnífico cuadro! Dios es el mayor accionista e inversionista que ha existido. Sin importar a quién utiliza en últimas para desarrollar nuestro carácter, necesitamos recordar la magnitud de su inversión en la vida nuestra. La inversión primaria y más grande que Dios hizo fue el precio impensable y elevado que pagó por nuestra redención. Nadie más nos habría comprado por ese precio. Él pagó el máximo precio cuando murió por nuestros pecados. Lo que él hizo en la cruz fue un acto de adoración. Según el *Diccionario Bíblico Nelson,* la palabra adorar, traducida literalmente, significa "expresar el valor de un objeto". Normalmente el menor adora al mayor, pero en este caso, el mayor adoró al menor. ¡Qué extraordinaria inversión!

La inversión de Dios

Exploremos juntos el concepto de que Dios ha hecho una inversión en nuestras vidas. En primer lugar, nadie invierte nada sin la expectativa de una ganancia. ¿Y qué puede ganar un Dios perfecto invirtiendo en la humanidad imperfecta? El apóstol Pablo escribió que "...tenemos este tesoro en vasos de barro para que la excelencia del poder sea de Dios, y no de nosotros" (2 Corintios 4: 7). Entonces, según la Escritura, poseemos un tesoro. Pero la excelencia de lo que tenemos no es nuestra sino de Dios. El tesoro es de él; eso implica que tiene su origen en Dios. Se acumula en nosotros y luego se lo devolvemos a él otra vez.

Ningún agricultor siembra semillas porque desea más tierra. El terreno es sencillamente el medio, pero su expectativa está en la semilla que planta. La semilla es su inversión y la cosecha es el beneficio o la utilidad que recibe, o más exactamente su herencia cuando la semilla muere en la tierra. La cosecha le cuesta la vida a la semilla. Jesús dijo: "De cierto, de cierto os digo, que si el grano de trigo no cae en la tierra y muere, queda solo; pero si muere, lleva mucho fruto" (Juan 12: 24).

Nosotros somos ese terreno fértil, quebrantado por los problemas, enriquecido con los fracasos, regado con lágrimas. Es innegable que hay un depósito en nosotros tan valioso como para ubicarnos en la lista de Satanás. Al escribir a los Efesios, Pablo oró "porque los ojos de su entendimiento fueran alumbrados" (Efesios 1: 18). Una de las cosas que el apóstol quiso que ellos supieran fue "cuáles eran las riquezas de... su herencia en los santos" Los desafió a llegar a ser progresivamente conscientes de la enormidad de la herencia que Dios tiene en nosotros, no de la herencia que nosotros tenemos en él. Pasamos la mayor parte del tiempo hablando de lo que queremos de Dios, pero el asunto importante es lo que él quiere de nosotros. Fue el Señor quien hizo la mayor inversión. Somos el terreno abrasado y seco que Cristo riega. Créame, ¡Dios toma en serio su inversión!

El Señor le dice al enemigo: *"No toquéis a mis ungidos, ni hagáis mal a mis profetas"* (1 Crónicas 16: 22). Dios luchará para proteger la inversión que ha hecho en su vida. Qué consolador es saber que el Señor tiene un interés en mi liberación, y más que un simple interés, Dios ha empezado el proceso necesario para cultivar lo que ha invertido en mi vida. ¿Se ha detenido usted a pensar lo que es el propósito divino de mantenerlo a flote cuando otros claudican abrumados bajo el peso de la vida? Mire a Job. Él sabía que Dios había hecho una inversión en su vida que ningún tiempo de aflicción podía destruir. Al respecto, él dijo: "Mas él conoce mi camino; me probará y saldré como el oro" (Job 23: 10).

¿Recuerda la historia de los tres jóvenes hebreos que fueron arrojados al horno de fuego? Cuando el perverso rey los hizo arrojar al horno pensó que el fuego acabaría con ellos. Pero no sabía que cuando usted pertenece a Dios, lo único que quema el fuego son sus ataduras. Algunos han dicho que Dios apagó el horno, pero no es cierto. Piense en los soldados que los arrojaron allí. ¡Se quemaron en la puerta! El horno ardía al máximo, pero Dios controla los límites. ¿Ha pasado usted por una dificultad que normalmente hubiera abrasado cada área de su vida y sin embargo sobrevivió a las presiones? Entonces debe saber que Dios es Señor del fuego.

Se ha dicho que si andamos en el Espíritu no tendremos que contender con el fuego. Pero la fe genuina no garantiza tal cosa. La fe real nos asegura que cuando pasemos por el fuego Dios estará con nosotros. Esto nos lleva a una realidad poco común. Si yo le dijera que mañana usted será quemado vivo pero que no se preocupe porque yo estaré con usted, mi presencia en el asunto no le proveería ningún alivio. Pero la presencia del Señor puede cambiar un infierno en un lago de aguas frescas. La Biblia dice que una cuarta persona estuvo con los jóvenes hebreos en medio del fuego y así ellos pudieron moverse dentro del horno completamente ilesos (Daniel 3).

El rey Nabucodonosor se asombró cuando vio que ellos vencieron lo que había destruido a otros hombres. Yo no puedo garantizarle que no tendrá que enfrentar situaciones aterradoras si cree en Dios. Pero puedo afirmar que si las enfrenta con la presencia de Cristo, los efectos de las circunstancias serán alterados drásticamente. Es bastante popular sugerir que la fe prohíbe tener problemas. Pero cuando leo la historia de estos jóvenes hebreos me doy cuenta de que si usted cree en Dios puede caminar en donde otros se quemarían. Rara vez alguien aprecia el fuego por el cual usted pasa, pero esté seguro que

Dios conoce la senda de fuego que conduce a la realización. Él puede sanar los pies lastimados del viajero.

Escuche a Dios y vea sus obras

Cuando el apóstol Juan estuvo en la isla de Patmos estaba confinado a una cueva, pero libre en espíritu (Apocalipsis 1). Recuerde que Satanás podrá obrar febrilmente para limitar el ministerio y la reputación de un hijo de Dios pero jamás puede confinar la unción y el llamamiento de Dios en su vida. Cada don ministerial enfrentará finalmente la cueva de la soledad y la prisión en una situación de ostracismo. Pero que tenga cuidado el carcelero porque Dios tiene un ministerio carcelario. Él derrumba los muros de la imposibilidad.

Juan dice que él oyó la voz del Señor "como un estruendo". Mientras procuraba ver de quién era la voz del que hablaba vio siete candeleros de oro (versículo 12). Después se le dijo que los candeleros eran la Iglesia. Necesitamos hombres y mujeres que oigan la voz de Dios antes de ver sus obras. ¿Qué beneficio hay en pulir los candeleros y encender las luces si no hay voz de Dios para hacer que la gente se vuelva a mirar?

Cuando la voz de Dios lo llevó a Cristo, Juan colapsó en su presencia. Un diluvio inundó la cueva cuando Cristo abrió su boca, y su voz se oyó como el sonido de muchas aguas. Él dijo que su voz era como el estruendo de muchas aguas, pero había fuego en sus pies. La comunicación eficaz siempre es transmitida desde la base de pies ardientes. Juan dijo que la apariencia de los pies de Jesús era como si hubieran estado en el fuego. Qué consuelo para el carácter de este predicador de Pentecostés descubrir que los pies de su Consolador habían pasado por el fuego. Mi amado, escúcheme lo que le digo el día de hoy: Su Libertador tiene pies que han sido abrasados. Él sabe lo que es pasar por el fuego.

Gracias a Dios por estos pies abrasados de nuestro Señor que corren presurosos a socorrer a sus hijos necesitados.

Pero todavía subsiste la pregunta: "¿Hay alguna protección preventiva que por lo menos ayude a quien es víctima de las luchas y las angustias de una prueba de fuego?" Si usted está pasando por alguna, recuerde que es su fe la que está siendo probada. Si ha de prevalecer en la prueba, no será por sus sentimientos sino por su fe. En 1 Juan 5: 4, el Espíritu dice: "Porque todo lo que es nacido de Dios vence al mundo; y esta es la victoria que vence al mundo, nuestra fe". Sí; es el escudo de la fe el que apaga todos los dardos de fuego del maligno (ver Efesios 6: 16).

La palabra *apagar* significa "extinguir". ¿Hay en su vida fuegos que están creciendo y que usted quisiera extinguir? Su fe lo hará. Si su fe no lo libra *de* ellos, de seguro lo librará *a través* de ellos.

El fanatismo extremo de alguna teología sobre la fe ha sembrado temor en muchos cristianos respecto a los conceptos de la fe en relación con las promesas de Dios. No obstante, para el cristiano, la fe es un asunto clave en tan gran medida que los miembros de la Iglesia naciente fueron llamados sencillamente *creyentes,* en reconocimiento de su gran fe. Una cosa que necesitamos urgentemente es comprender las características de la fe. La fe no puede alterar el propósito de Dios; ella solamente actúa como un agente para ayudarnos a realizar el predeterminado propósito de Dios. Si el plan de Dios requiere que suframos cierta oposición a fin de *cumplir* su propósito, entonces la fe se convierte en el vehículo que nos capacita para perseverar y nos libra a través de la prueba.

De otro lado, el enemigo aflige al creyente en un intento por abortar el propósito de Dios. La fe es un vigilante nocturno enviado a guiar el propósito de Dios. Ella nos librará de la mano del enemigo, es decir, de cualquier cosa que obstaculice ese propósito divino en nuestras vidas.

> *Desde entonces comenzó Jesús a declarar a sus discípulos que le era necesario ir a Jerusalén y padecer mucho de los ancianos, de los principales sacerdotes y de los escribas; y ser muerto, y resucitar al tercer día. Entonces Pedro, tomándolo aparte, comenzó a reconvenirle, diciendo: Señor, ten compasión de ti; en ninguna manera esto te acontezca. Pero él, volviéndose, dijo a Pedro: ¡Quítate de delante de mí, Satanás!; me eres tropiezo, porque no pones la mira en las cosas de Dios, sino en las de los hombres* (Mateo 16: 21 – 23).

Fe

El capítulo 11 de la carta a los Hebreos discute extensamente la definición de la fe. Menciona algunos hechos de fe en los versículos 32 – 35a, y finalmente, en los versículos 35b – 39 enfatiza la perseverancia de la fe.

También hace distinción entre tipos de fe. En los versículos 32 – 35a, hace un énfasis especial en la fe que escapa del peligro y supera obstáculos: "Apagaron fuegos impetuosos, evitaron filo de espada, sacaron fuerzas de debilidad, se hicieron fuertes en batallas, pusieron en fuga ejércitos extranjeros" (Hebreos 11: 34).

Sin embargo en los versículos finales del capítulo, casi como si fueran notas explicativas, el autor señala las diferencias de otro tipo de fe. En su comentario final anota que hubo otros creyentes cuya fe se manifestó *a través* del sufrimiento, *no por haber sido librados* de él.

> *Otros experimentaron vituperios y azotes, y a más de esto prisiones y cárceles. Fueron apedreados, aserrados, puestos*

a prueba, muertos a filo de espada; anduvieron de acá para allá cubiertos de pieles de ovejas y de cabras, pobres, angustiados, maltratados (Hebreos 11: 36 – 37).

El fundamento de la fe no se edifica sobre mansiones elitistas, acciones o bonos financieros, carros deportivos o una vida de lujos. Todas estas cosas son buenas si Dios decide bendecirlo con ellas. Sin embargo, hacer de las finanzas el símbolo de nuestra fe es ridículo. La Iglesia se edificó sobre esos hombres y mujeres que soportaron las incomodidades y angustias por la causa. Estas personas no fueron el fin sino el medio por el cual Dios fue glorificado. Algunos de ellos manifestaron su fe sanando a la gente. Otros desangrándose después de haber sido apedreados. Tuvieron también un tipo de fe que parecía hacer más soportable el efecto, si bien no alteraba la causa.

A medida que la persecución nos fuerza a profundizar nuestro nivel de compromiso y dedicación, es muy importante que la fe sea renovada para estar a la par con nuestro compromiso. Se llega a un nivel superior en la relación con Dios a medida que el fuego consume cualquier otro deseo que no sea el de conocer al Señor en el poder de su resurrección. En este nivel todas las demás búsquedas pierden lustre y al compararlas tienden a perder su valor. Tal vez es hacia allá que Pablo avanzaba, hacia ese lugar o actitud de total sometimiento. Ciertamente es ese lugar el que yo quiero alcanzar, y que a veces se escapa de mis manos pero nunca de mi vista. Como un niño que se para en la punta de sus pies, me esfuerzo por alcanzar un lugar demasiado alto para tocarlo. Mis manos se extienden, mis pies están sobre fuego, y en esa posición ¡alcanzo a escuchar la voz de Dios!

Puntos de reflexión:

Dios es el gran Yo Soy.

Él está demoliendo barreras para alcanzar
el mundo para Jesús.

Tenemos que escuchar antes de poder hablar.

Domar la lengua nos da el poder para controlar nuestra vida.

El don de lenguas beneficia a los oyentes,
La oración en lenguas beneficia a quien ora.

Las fortalezas interiores permanecerán
inactivas si no se nutren.

Las manos divinas encienden la llama.

Dios toma en serio su inversión.

Satanás jamás puede confinar la unción y el llamamiento de Dios
en su vida.

El fundamento del cristianismo es la firmeza
de la Iglesia de Cristo.

Pensamientos y reflexiones

Capítulo 4
El Código Secreto

Dios ha hablado a su pueblo desde el comienzo.

> *Y oyeron la voz de Jehová Dios que se paseaba en el huerto, al aire del día; y el hombre y su mujer se escondieron de la presencia de Jehová Dios entre los árboles del huerto* (Génesis 3: 8).

Él les comunicó a Adán y a Eva su deseo de que cuidaran el huerto, que fueran fructíferos y se multiplicaran; que no comieran el fruto del árbol de la ciencia del bien y del mal.

Dios habló a su pueblo a través de los profetas:

> *Dios, habiendo hablado muchas veces y de muchas maneras en otro tiempo a los padres por los profetas* (Hebreos 1: 1).

Él también nos habló por su hijo:

> *Dios... en estos postreros días nos ha hablado por el Hijo, a quien constituyó heredero de todo, y por quien asimismo hizo el universo* (Hebreos 1: 1- 2).

Él nos habló mediante milagros:

> *Testificando Dios juntamente con ellos, con señales y prodigios y diversos milagros y repartimientos del Espíritu Santo según su voluntad* (Hebreos 2: 4).

Después habló a través de sus apóstoles. Como resultado del gran derramamiento de Pentecostés, Dios dijo que hablaría a través de su Espíritu.

> *Y después de esto derramaré mi Espíritu sobre toda carne, y profetizarán vuestros hijos y vuestras hijas; vuestros ancianos soñarán sueños, y vuestros jóvenes verán visiones* (Joel 2: 28).

Muchos han tratado de limitar a Dios diciendo que él habló en el pasado pero ya no lo hace hoy. Pero eso no es cierto. Dios continúa hablándonos a través de su Palabra escrita.

El Espíritu Santo también nos habla hoy. Las lenguas son el mensaje de Dios para los últimos días. No es la única manera en que él puede hablar, pero es una avenida verbal. Necesitamos fe para permitir que nos hable e interprete el mensaje a través de un creyente dispuesto.

El asunto en los tiempos bíblicos y aún hoy es este: ¿Puede usted oír lo que Dios está diciendo? Porque ciertamente Dios está hablando:

> *El que tiene oído, oiga lo que el Espíritu dice a las iglesias. El que venciere, no sufrirá daño de la segunda muerte* (Apocalipsis 2: 11).

> *Pero cuando venga el Espíritu de verdad, él os guiará a toda la verdad; porque no hablará por su propia cuenta, sino que hablará todo lo que oyere, y os hará saber las cosas que habrán de venir* (Juan 16: 13).

Necesitamos asirnos de Dios como nunca antes porque él está hablando un mensaje vital en estos últimos días. Él busca a alguien que pueda comunicar un mensaje que transforme vidas. Sin embargo, ese mensaje está muchas veces en código secreto que deben entender solamente quienes tienen el Espíritu Santo.

> *Porque no hará nada Jehová el Señor, sin que revele su secreto a sus siervos los profetas* (Amós 3: 7).
>
> *Las cosas secretas pertenecen a Jehová nuestro Dios; mas las reveladas son para nosotros y para nuestros hijos para siempre, para que cumplamos todas las palabras de esta ley* (Deuteronomio 29: 29).
>
> *Y clamaron los hijos de Israel a Jehová; y Jehová les levantó un libertador, a Aod hijo de Gera, benjamita, el cual era zurdo. Y los hijos de Israel enviaron con él un presente a Eglón rey de Moab... Mas él se volvió desde los ídolos que están en Gilgal, y dijo: Rey, una palabra secreta tengo que decirte. El entonces dijo: Calla. Y salieron de delante de él todos los que con él estaban* (Jueces 3: 15 – 19).

Estos tres pasajes nos muestran algunas cosas interesantes:

1. Dios tiene algunos secretos (Deuteronomio 29: 29).
2. Él revela estos secretos a sus siervos (Amós 3: 7).
3. Dios busca siervos dispuestos a entregar estos mensajes secretos (Jueces 3: 19).

Cada uno de esos mensajes tenía tres componentes:

1. Una persona que envía el mensaje.
2. Otra persona que lo recibe.
3. Una tercera parte involucrada porque la persona que envía el mensaje no siempre puede contactar al destinatario de

manera directa. En este caso él o ella contactan a alguien para que lleve el mensaje.

4. La interpretación del mensaje transmite lo que la persona que lo envía desea decir. El mensaje tiene que ser claro y expresado en una forma comprensible.

¿*Por qué un código secreto*?

¿Por qué habría Dios de hablar en un código secreto a quien se dirige? Cuando Dios habla en código secreto, lo hace por lo menos por dos razones:

1. Dios quiere tener una relación íntima con usted. Usted le cuenta sus secretos y sus pensamientos más íntimos solamente a sus amigos más cercanos y de confianza.
2. Al hablar en código secreto, Dios se asegura de que el diablo no entienda la estrategia de la Iglesia. Esto nos capacita para efectuar un ataque no anunciado y sorpresivo por cuanto el código secreto esquiva el radar y el sistema de defensa de las fuerzas satánicas que se nos oponen (Efesios 6: 12).

Misterios del Reino

Si me amáis, guardad mis mandamientos. Y yo rogaré al Padre, y os dará otro Consolador, para que esté con vosotros para siempre: el Espíritu de verdad, al cual el mundo no puede recibir, porque no le ve, ni le conoce; pero vosotros le conocéis, porque mora con vosotros, y estará en vosotros. No os dejaré huérfanos; vendré a vosotros. Todavía un poco, y el mundo no me verá más; pero vosotros me veréis; porque yo vivo, vosotros también viviréis. En aquel día vosotros conoceréis que yo estoy en mi Padre, y vosotros en mí, y yo en vosotros (Juan 14: 15 – 20).

Este pasaje de la Escritura indica que el Reino de Dios estaba pasando por cambios drásticos:

- *Encontramos el cambio de guardia.* "Y yo rogaré al Padre, y os dará otro Consolador" (versículo 16). "Otro" en este pasaje significa otro exactamente como yo (como Jesús). Él mismo lo confirmó en el versículo siguiente: "Pero vosotros le conocéis, porque mora con vosotros, y estará en vosotros" (versículo 17).
- *Encontramos la obligación de nuestra parte de recibir al Espíritu Santo.* "Si me amáis, guardad mis mandamientos" (versículo 15). Dijo que como resultado de andar en obediencia a él, oraría al Padre y nos enviaría otro Consolador.

En Juan 14: 17 Jesús dijo tres cosas acerca del Espíritu Santo:

1. El mundo no lo puede recibir.
2. El mundo no lo puede ver porque sus caminos son diferentes. Él es un misterio para el mundo.
3. El mundo no lo conoce.

Todos los milagros de Cristo declararon lo que sus seguidores harían en ese día. Por cuanto el mundo no lo vio como Hijo de Dios, tampoco lo recibió y terminó crucificando al Señor de la gloria.

Solamente el círculo íntimo de Cristo, Pedro Jacobo y Juan, fue testigo de su transfiguración (Mateo17: 1 – 9). Sólo estos tres discípulos presenciaron el conflicto interior de Jesús mientras derramaba su alma en oración y se conformaba a la voluntad del Padre en el Huerto de Getsemaní (Mateo 26: 37 – 44).

Solamente Juan estuvo junto a la cruz. ¿Sorprende entonces, que haya recibido esa maravillosa visión conocida como "La Revelación del Señor Jesucristo"? Antes de recibir esta revelación estuvo exiliado en la isla de Patmos.

Jesús habló a su amado amigo Juan muchos misterios que todavía hoy causan perplejidad al mundo e incluso a la Iglesia. Para recibir esta sorprendente revelación tuvo que separarse de las cosas terrenales. Él escuchó la voz que le dijo: "Sube acá, y yo te mostraré las cosas que sucederán después de estas" (Apocalipsis 4: 1).

Dios llama a quienes están dedicados a la excelencia a un lugar de aislamiento y soledad. El Espíritu Santo dice: "Despréndete de las cosas que te ciegan y no te permiten ver mis misterios y te hacen sordo para oír mi lenguaje".

Jesús está hablando actualmente pero aún los creyentes en la Iglesia no oyen su lenguaje. Muchos no escuchan su voz porque la tradición los ha dejado satisfechos con la primera vislumbre de su gloria. La gloria de Cristo excede en gran medida cualquier gloria conocida antes por el hombre. En esos tres cortos años de ministerio, Jesús comenzó a revelar los misterios de un Reino poderoso, un Reino más grande que cualquier cosa, enfermedad o dilema.

No lo comprendieron

¿Por qué la gente crucificó al Príncipe de Gloria? Jesucristo tenía un mensaje, un poder y una autoridad que atemorizaron a la jerarquía religiosa de su tiempo. Sí, él era un judío que hablaba un dialecto regional pero a veces también hablaba misterios a sus discípulos. Miles lo siguieron pero él escogió a 12 para que estuvieran con él.

¿Por qué no hay más creyentes que escuchen lo que Dios dice? Muchos no andan en obediencia y no tienen la plenitud del Espíritu Santo. Jesús solamente revela sus secretos a quienes son confiables y tienen una relación íntima con él.

Él dijo a sus discípulos que el mundo no lo comprendería, ni lo vería ni lo comprendería, pero quienes tuvieran el Espíritu Santo sí lo harían.

> *Todavía un poco, y el mundo no me verá más; pero vosotros me veréis; porque yo vivo, vosotros también viviréis. En aquel día vosotros conoceréis que yo estoy en mi Padre, y vosotros en mí, y yo en vosotros* (Juan 14: 19 - 20).

Jesús estaba diciendo: "En ese día me verán como muerto, pero ustedes sabrán que todavía tengo el control. Cuando me sepulten en la tumba por tres días pensarán que todo está acabado. Pero ustedes sabrán que yo les hablé de estos misterios que el mundo no puede comprender. `Destruid este templo y en tres días lo reedificaré´. Cuando ellos lleguen a mi tumba en la mañana del primer día de pascua y no encuentren mi cuerpo dirán que fue robado. Pero ustedes sabrán que he resucitado de entre los muertos. Mi ministerio continuará a través del Espíritu Santo".

"En aquel día vosotros conoceréis" (Juan 14: 20) denota algo futuro y progresivo. "Y conoceremos, y proseguiremos en conocer al Señor" (Oseas 6: 3). "Y conoceréis la verdad" (Juan 8: 32). "Cuando yo era niño" (1ª de Corintios 13: 11) denota algo que no está completo pero está en proceso.

Supera nuestro intelecto

El apóstol Pablo escribió algunas revelaciones acerca del Reino que superan nuestra capacidad mental. La verdad ha sido comunicada y revelada en un código secreto que nosotros tenemos que comprender:

> *"Antes bien, como está escrito [en Isaías 64: 4] cosas que ojo no vio, ni oído oyó, son las que Dios ha preparado*

para los que le aman. Pero Dios nos las reveló a nosotros por el Espíritu; porque el Espíritu todo lo escudriña, aun lo profundo de Dios (1 Corintios 2: 9 – 10).

- Se ha dicho cuál es el código: "Pero Dios nos las reveló a nosotros" (versículo 10).
- El código habla de "lo profundo de Dios", o sea de los misterios del Reino (versículo 10b).
- El código habla solamente a quienes tienen una relación íntima con Dios. "Las cosas que Dios ha preparado para los que le aman" (versículo 9b).
- El código habla de cosas que nuestra naturaleza carnal no puede lograr ni siquiera percibir. La carnalidad no puede ver: "Lo que ojo no vio", no puede oír: "ni oído oyó", ni puede sentir: "Ni han subido en corazón de hombre" (1 Corintios 2: 9a).

Un producto de nuestro medio ambiente

Por tanto, amados míos, como siempre habéis obedecido, no como en mi presencia solamente, sino mucho más ahora en mi ausencia, ocupaos en vuestra salvación con temor y temblor, porque Dios es el que en vosotros produce así el querer como el hacer, por su buena voluntad (Filipenses 2: 12 – 13).

Este pasaje de la Escritura nos muestra dos cosas:

1. *Las cosas empezarán a abrirse paso.* "Ocupaos de vuestra salvación" (versículo 12).
2. *Las cosas empezaran a manifestarse exteriormente por la obra que está ocurriendo internamente.* "Porque Dios es el que en

vosotros produce así el querer como el hacer" (versículo 13). Si usted permanece cerca de algo –sea bueno o malo–, ese algo empezará a reflejarse en usted.

El arca de Noé se veía igual por dentro y por fuera. Dios le dijo: "Hazte un arca... y la calafatearás con brea por dentro y por fuera..." (Génesis 6: 14). La brea es una sustancia que se utiliza en construcción como sellante o impermeabilizante. Dios quiere obrar en usted interiormente hasta que su obra se manifieste exteriormente en la forma de señales.

> *Y estas señales seguirán a los que creen: En mi nombre echarán fuera demonios; hablarán nuevas lenguas* (Marcos 16: 17).

Jesús desea que su Iglesia sea independiente del mundo y dependa de su unción para que empiece a reflejar la realidad del Reino.

> *Porque el reino de Dios no es comida ni bebida, sino justicia, paz y gozo en el Espíritu Santo* (Romanos 14: 17).

A medida que el Reino de Dios opere en el misterio del Espíritu Santo llegará a superar en gran manera los rituales, tradiciones, ceremonias, reglas y normas humanas.

Al permanecer en sintonía de la voz del Espíritu Santo, comenzamos a producir el fruto del Espíritu. Este fruto se produce cuando la Iglesia se enamora de Jesús y es fecundada con su simiente (la Palabra). Pero antes es imperativo que tengamos una relación íntima con Dios.

¿Conoce usted a Jesús?

Primero, ¿lo conoce porque ha perdonado sus pecados? Segundo, ¿lo conoce de una manera íntima? ¿Ha crecido su relación con él hasta el punto de que se reconocen mutuamente y usted produce la simiente divina (el fruto del Espíritu)?

Encontramos esta verdad a través de toda la Escritura. Cuando creó la primera pareja, Dios les dijo: "Por tanto, dejará el hombre a su padre y a su madre, y se unirá a su mujer, y serán una sola carne" (Génesis 2: 24). Adán y Eva estaban juntos y se conocían uno a otro. "Conoció Adán a su mujer Eva, la cual concibió y dio a luz a Caín" (Génesis 4: 1). "Y conoció Caín a su mujer, la cual concibió y dio a luz" (Génesis 4: 17). "Y conoció de nuevo Adán a su mujer, la cual dio a luz un hijo" (Génesis 4: 25).

Cuando el ángel le anunció a María que había sido favorecida (escogida) para concebir y dar a luz al Hijo de Dios, esta virgen asombrada preguntó: "¿Cómo será esto?...pues no conozco varón" (Lucas 1: 34).

Estos pasajes nos resaltan un punto: No se puede producir simiente sin tener relación íntima. Muchos cristianos han tenido orgasmos espirituales pero jamás han concebido la simiente de la Palabra de Dios. Para poder producir la simiente del Reino tenemos que conocer al Rey de ese Reino. El Señor Jesús dijo: "En aquel día vosotros conoceréis que yo estoy en mi Padre, y vosotros en mí, y yo en vosotros" (Juan 14: 20).

Necesitamos conocer al Señor Jesús de una manera íntima. Y la única manera de conocerlo íntimamente es ser llenos del Espíritu Santo. Al conocerlo y vivir en él, nuestro ser exterior comienza a reflejar lo que hay en nuestro interior.

Luz y sal

A medida que como miembros de la Iglesia le permitamos al Espíritu Santo obrar en nosotros y por medio nuestro, el mundo comenzará a ver a Jesús y al Reino de Dios en acción. Para el mundo será un misterio y para la Iglesia será una poderosa realidad. Pero tal cosa no ocurrirá de la noche a la mañana sino de manera progresiva, día tras día, prueba tras prueba, tormenta tras tormenta, valle tras valle y tentación tras tentación.

Cuando Jesús estuvo en la tierra dijo: "Yo soy la luz del mundo; el que me sigue no andará en tinieblas sino que tendrá la luz de la vida" (Juan 8: 12). Pero cuando murió, las tinieblas cubrieron la tierra. Si no fuera por el Espíritu Santo las tinieblas hubieran prevalecido. Sin embargo, cuando como miembros del Cuerpo de Cristo le permitimos al Espíritu Santo llenar cada fibra de nuestro ser, llegamos a ser la luz del mundo.

Somos un faro, un fanal para un mundo de individuos azotados por las tormentas, apaleados y maltratados. Fuimos escogidos para ser una ciudad asentada sobre una colina, iluminada por el Espíritu Santo. Nuestra paz, nuestra alegría y nuestra justicia deben brillar intensamente y animar a otros a buscar refugio en nuestro Dios. El fruto del Espíritu en nuestras vidas será como un imán que los atraiga hacia Jesús.

El Señor utilizó otra analogía para su Iglesia: él dijo que somos sal. Cuando Jesús anduvo aquí en la tierra actuó como un preservante para este mundo. Un ladrón no pudo morir sin ser preservado por su perdón (Lucas 23: 42); el hijo único de una viuda no pudo cruzar las puertas de la muerte sin que Jesús detuviera la procesión de su funeral (Lucas 7: 12). Lázaro no pudo descomponerse en la tumba sin oír la voz de Jesús diciéndole: "¡Lázaro, ven fuera!" (Juan 11: 43).

Cuando entramos como Iglesia en una relación de Reino con Jesús llegamos a ser preservativos:

> *"Vosotros sois la sal de la tierra; pero si la sal se desvaneciere, ¿con qué será salada? No sirve más para nada, sino para ser echada fuera y hollada por los hombres"* (Mateo 5: 13).

La sal produce varios efectos:

1. Produce sed.
2. Preserva.
3. Causa ardor si se echa en una herida.
4. Da sazón a los alimentos.

Necesitamos permitirle al Espíritu Santo que sature todo nuestro ser para poder convertirnos en hijos de Dios que realizan la obra del Reino.

Dios tiene su número

Podemos comprender el don de lenguas utilizando la analogía del teléfono. Una persona llama, y la otra recibe la llamada. Esto nos da la doble oportunidad de oír y de hablar, según el caso.

Dios está timbrando en su teléfono hoy. Quizá él tiene que llamarlo a usted para darle un mensaje destinado a otra persona que por una u otra razón no lo puede oír. En tal caso, la única forma en que el mensaje le pueda llegar es que usted exprese lo que Dios le ha hablado a su espíritu. Asegúrese de orar por ser un buen intérprete.

Dios hace la llamada y usted la recibe. Recuerde que a veces él no decide contactar a ciertas personas y por lo tanto lo contacta a usted para que les pase el mensaje. Otras veces las llama pero por una u otra razón ellas no escuchan el llamado.

En algunas ocasiones esas personas están fuera del área donde la señal llega (demasiado lejos de Dios). En otras tienen una señal de ocupado (están demasiado ocupadas para Dios). A veces sencillamente no responden (demasiado irrespetuosas con Dios). Cuando eso ocurre, Dios marca el número suyo y le da el mensaje en un lenguaje celestial que usted debe interpretar.

Muchos creyentes creen erróneamente que su unción les da el derecho de salirse del orden establecido. Quizá ejercitan su don pero el mensaje divino es mal presentado, equivocado, o incluso dañino. Esto confunde y lastima a la gente. Su unción no le da a usted la atribución de entrar y hacer estragos en una reunión de creyentes. "Y los espíritus de los profetas están sujetos a los profetas" (1 Corintios 14: 32).

Cuando hay una verdadera manifestación de Dios con un mensaje en lenguas necesitamos orar por la interpretación, la cual es tan importante como el mensaje mismo. De otro modo, ¿cómo lo entenderá la gente? "Pues Dios no es Dios de confusión, sino de paz, como en todas las iglesias de los santos" (1 Corintios 14: 33).

El tiempo es otro factor importante en relación con el don de lenguas. Su unción no siempre estará cuestionada pero quizá sí su tiempo u oportunidad. Si su mensaje no es dado en el tiempo adecuado puede lastimar, confundir y descarriar. El Espíritu Santo no es impropio ni indecoroso, ni causa desorden.

La iglesia de Corinto no tenía un problema de espiritualidad sino de orden. Debe existir un balance para que haya orden. Necesitamos iglesias llenas del Espíritu pero que también sean llenas de la Palabra y tengan la sabiduría para saber cómo funcionar.

¿Debemos sorprendernos, pues, de que Satanás luche contra los dones y las manifestaciones del Espíritu Santo? Él sabe que los dones del Espíritu hacen que la Iglesia realice señales y le lleve el evangelio a esta caótica sociedad llena de problemas.

Con razón Dios dijo: "el pueblo que conoce a su Dios se esforzará y actuará" (Daniel 11: 32). Dios busca una Iglesia que crea que él puede confirmarla y confirmar su ministerio con dones, señales y prodigios en el Espíritu Santo (ver Hebreos 2: 3 – 4, y Marcos 16: 17 – 18).

No se desanime usted si quienes lo miran actuar le dicen: "¡Eres un fanático!" El Espíritu Santo hará la separación entre la verdad y la falsedad. Cuando usted empiece a manifestar los dones de Dios en su vida y el diablo vea una verdadera manifestación del Espíritu, espere que él lo ponga en su lista de ataques. Esto no es nada más que una treta del enemigo para detenerlo.

Un Dios que se hace presente

En el primer libro del Antiguo Testamento Dios se hacía presente con la palabra y decía: "¡Sea!" y así ocurría. De la misma manera Dios entrará en escena justamente cuando usted no lo espera, en el preciso momento en que lo necesita, justo a tiempo. ¿Cuál fue la diferencia entre el Dios de Elías y Baal el dios de los otros profetas? Que el Dios de Elías se hizo presente cuando el profeta lo invocó.

> *"Invocad luego vosotros el nombre de vuestros dioses, y yo invocaré el nombre de Jehová; y el Dios que respondiere por medio de fuego, ése sea Dios"* (1 Reyes 18: 24).

Ahora bien, si Dios apareció en escena para respaldar a un profeta que tenía solamente la sangre del sacrificio de un animal, cuánto más se hará presente por quienes tenemos la redención de la sangre de Jesús y el bautismo del Espíritu Santo.

> *Luego envió a él un capitán de cincuenta con sus cincuenta, el cual subió a donde él estaba; y he aquí que él estaba sentado en la cumbre del monte. Y el capitán le dijo: Varón de Dios, el rey ha dicho que desciendas* (2 Reyes 1: 9).

Cuando el rey le envió a Elías a un capitán de 50 soldados estaba confrontando al profeta, pero éste se negó a ir:

> *Y Elías respondió y dijo al capitán de cincuenta: Si yo soy varón de Dios, descienda fuego del cielo, y consúmate con tus cincuenta. Y descendió fuego del cielo, que lo consumió a él y a sus cincuenta.* (2 Reyes 1: 10).

El fuego de Dios consumió al primer mensajero y a sus 50 soldados, y luego a otro capitán con otros 50 soldados (versículo 12). Necesitamos tener este mismo espíritu. Cuando seamos tentados a alinearnos con el mundo debemos decirle al diablo: "No puedo ir, y no iré". Ocurre con demasiada frecuencia que los cristianos están tan cerca al diablo que no están afectando su reino después de todo. Pero cuando el Reino de luz se yergue en unidad, el reino de las tinieblas se viene abajo.

> *Sabiendo Jesús los pensamientos de ellos, les dijo: Todo reino dividido contra sí mismo, es asolado, y toda ciudad o casa dividida contra sí misma, no permanecerá* (Mateo 12: 25).

Muchos miembros de la Iglesia han adoptado el estilo de vida de la sociedad en que viven. Vivimos en un mundo en donde predomina la comida rápida y en el cual nadie quiere esperar por nada. Aún la gente en la Iglesia desea las cosas con rapidez. Queremos tener *poder* sin buscar a Dios que es quien lo da. Pero cualquiera que haya recibido alguna vez la poderosa unción de Dios sabe que lo ha buscado previamente.

> *Como el ciervo brama por las corrientes de las aguas, así clama por ti, oh Dios, el alma mía. Mi alma tiene sed de Dios, del Dios vivo; ¿cuándo vendré y me presentaré delante de Dios?* (Salmo 42: 1 – 2).

El Espíritu Santo no habla de su propio plan

Pero cuando venga el Espíritu de verdad, él os guiará a toda la verdad; porque no hablará por su propia cuenta, sino que hablará todo lo que oyere, y os hará saber las cosas que habrán de venir (Juan 16: 13).

Este versículo, que ya discutimos en el capítulo 2, nos da luz en cuanto al ministerio del Espíritu Santo:

- *Un día el Espíritu Santo reinará en autoridad.* Pero cuando venga el Espíritu de verdad", esto quiere decir un día cuando llegará a ministrar y a reinar en autoridad.
- *El Espíritu Santo lo guiará a toda la verdad.* El ministerio del Espíritu incluye guía, pero la guía es la verdad de la Palabra de Dios. Jesús dijo: "Y conoceréis la verdad, y la verdad os hará libres" (Juan 8: 32).
- *El Espíritu Santo no viene para desarrollar su propio programa* "porque no hablará por su propia cuenta".
- *El Espíritu Santo escucha antes de hablar.* "...sino que hablará todo lo que oyere". El Espíritu escucha lo que se dice tras los portales de gloria para oír la voluntad de Dios. Por eso es que debemos escuchar antes de hablar lo que el Espíritu nos dé que hablemos. El Espíritu Santo intercede con gemidos para que la voluntad de Dios se haga en nuestra vida.

A veces el Espíritu "marca un número" para darle a alguien más un mensaje. ¿Alguna vez ha respondido usted el teléfono y se ha dado cuenta de que quien llama desea hablar con otra persona? Generalmente le preguntamos: "¿A quién necesita?" o "¿Desea dejarle algún mensaje?"

Quizá el Espíritu está llamando a esa otra persona pero ella no está disponible. En ese caso él le dará un mensaje para que usted se lo transmita. El Espíritu Santo escucha en el cielo y entrega el mensaje a una persona que tiene el don de lenguas. Luego necesitamos orar para que alguien tome el mensaje celestial y lo interprete a la congregación.

¿Puede usted oír al Espíritu Santo?

Definitivamente Dios está hablando a su pueblo. La pregunta adecuada es: ¿Podemos nosotros oírlo? El Espíritu Santo está hablando en este preciso momento palabras de verdad y de guía. Él habla lo que oye en los cielos.

Siempre que el Espíritu Santo habla testifica que ha estado en la sala de juntas del cielo. Escucharlo nos hace levantar la cabeza. Justamente cuando Satanás piensa que ya lo destruyó, usted comienza a dar voces de júbilo porque escuchó una palabra del Espíritu.

Quizá usted está pasando por un valle de dolor pero el Espíritu le dice que Jesús es el Lirio de los Valles. Tal vez está decaído, andando por sendas de confusión, pero usted escuchó que Jesús es un Consejero Admirable. Es posible que esté soportando una hambruna en su vida y una necesidad en su ministerio, pero oyó una voz que le dijo: "Confía en mí aún cuando no puedas encontrar mis huellas". Quizá soporta usted en este momento una prueba insuperable pero escucha una palabra que le dice: "Mantente firme y ve la salvación del Señor".

Yo oí una palabra y usted puede oírla también. A veces esa palabra es para usted y en otras ocasiones es para alguien más. Hay momentos en que Dios sólo quiere usarlo como su vocero.

El nombre de Jonás significa "paloma mensajera". Dios tenía un mensaje para que él se lo entregara a terceros: la gente de la ciudad de Nínive.

Permita que Dios lo use.

Siete áreas

¿Ha tratado alguien de entregarle un mensaje vía telefónica? Las palabras que esa persona habló no eran sus palabras, sino las de alguien que le dio el mensaje y que a su vez repitió lo que había escuchado.

De igual manera el Espíritu Santo lo tiene a usted en la línea y le habla "su palabra." Tal vez no sea una palabra directamente de la Biblia pero es una palabra *rema* adecuada para su crisis. Recuerde que el Espíritu Santo no habla por su propia iniciativa ni transmite sus propias ideas o planes. Él habla solamente lo que oye en los cielos.

Miremos siete áreas de su vida a las cuales el Espíritu Santo les quiere hablar:

1. A las cosas que superan la comprensión humana.
2. Testimonio.
3. Dirección.
4. Disciplina.
5. Compañerismo.
6. Prioridades.
7. Advertencias.

Cosas que superan la comprensión humana

El Espíritu Santo quiere hablarle de cosas que superan la lógica humana, la tendencia natural, y la comprensión física.

"Antes bien, como está escrito cosas que ojo no vio, ni oído oyó ni han subido en corazón de hombre, son las que Dios ha preparado para los que le aman. Pero Dios nos las reveló a nosotros por el Espíritu; porque el Espíritu todo lo escudriña, aun lo profundo de Dios (1 Corintios 2: 9 – 10).

Para que nosotros podamos comunicar las revelaciones de Dios primero debemos permitir que éstas sean comunicadas a nuestro espíritu.

Pero el hombre natural no percibe las cosas que son del Espíritu de Dios, porque para él son locura, y no las puede entender, porque se han de discernir espiritualmente (1 Corintios 2: 14).

Lo que el Espíritu quiere hablar y revelar va más allá de tres de los cinco sentidos.

- *La revelación espiritual supera nuestra capacidad de ver.* "Cosas que ojo no vio" (1 Corintios 2: 9). Lo que Dios quiere mostrarnos no se puede ver con nuestros ojos físicos.
- *La revelación espiritual supera nuestra capacidad de oír.* "Ni oído oyó" (1 Corintios 2: 9). Necesitamos un oído espiritual para oír lo que el Espíritu está diciendo a la Iglesia en estos últimos días (ver Apocalipsis 2: 17).
- *La revelación espiritual supera cualquier cosa que hayamos sentido antes.* "Ni han subido en corazón de hombre" (1 Corintios 2: 9). No importa qué tan bien nos hayamos sentido en el Espíritu, nunca hemos alcanzado las alturas que una revelación espiritual puede darnos. ¿Cómo puede usted llegar a persuadir a la gente para que vea, oiga y sienta las cosas del Espíritu, si usted mismo no está dedicado a ellas?

Testimonio

El Espíritu Santo le testificará a usted. "El Espíritu mismo da testimonio a nuestro espíritu de que somos hijos de Dios" (Romanos 8: 16). Note tres cosas:

1. *Hay un testimonio.* "El Espíritu... da testimonio". Eso significa que nos da testimonio como testigo presencial para corroborar su declaración.
2. *Él testifica a nuestro espíritu.* "El Espíritu mismo da testimonio a nuestro espíritu". Nuestro ser interior necesita un testimonio, por eso es que mediante nuestro testimonio podemos vencer al diablo.
3. *Dios no delega esta importante tarea.* "El Espíritu mismo" habla respecto a nuestra condición de hijos y de coherederos con Cristo (Romanos 8: 17). Somos sus beneficiarios, "Él [el Espíritu Santo] tomará de lo mío, y os lo hará saber" (Juan 16: 15). Él testifica que somos hijos de Dios. Luego nos muestra lo que es nuestro por ser sus herederos.

Dirección

El Espíritu Santo lo guiará. Note que a Felipe le dijo: "Acércate y júntate a ese carro" (Hechos 8: 29). A veces el mensaje para usted o para otros señala la dirección en cuanto al próximo paso.

Disciplina

El Espíritu Santo habla para guiarnos a la obediencia (Hechos 10: 1 – 23). Dios le dio a Pedro una visión para decirle que no "considerara inmundo lo que Dios había limpiado" (versículo 15). Mientras Pedro reflexionaba sobre la visión celestial y su significado, el Espíritu Santo le habló:

Y mientras Pedro pensaba en la visión, le dijo el Espíritu: He aquí, tres hombres te buscan. Levántate, pues, y desciende y no dudes de ir con ellos, porque yo los he enviado (Hechos 10: 19 – 20).

A pesar de la visión dada por Dios, Pedro no estaba dispuesto a desechar su prejuiciada desobediencia hasta que el Espíritu Santo le habló. Las palabras del Espíritu derrumbaron los prejuicios y las barreras racistas y religiosas.

Compañerismo

El Espíritu Santo nos muestra la opción de Dios del compañerismo.

Ministrando éstos al Señor, y ayunando, dijo el Espíritu Santo: Apartadme a Bernabé y a Saulo para la obra a que los he llamado (Hechos 13: 2).

Este versículo enfoca su atención en dos compañeros de ministerio, pero la voz del Espíritu Santo también puede tener un impacto iluminador en la selección de un socio de negocios o un esposo o esposa.

Prioridades

El Espíritu habla y cierra puertas cuando el tiempo no es el correcto.

Y atravesando Frigia y la provincia de Galacia, les fue prohibido por el Espíritu Santo hablar la palabra en Asia; y cuando llegaron a Misia, intentaron ir a Bitinia, pero el Espíritu no se lo permitió (Hechos 16: 6 -7).

Lo que Pablo y Silas estaban haciendo era lo correcto, pero no era el tiempo oportuno. Sin que los apóstoles lo supieran, un hombre clamaba desesperadamente por ayuda en Macedonia. El Espíritu le dio prioridad a Filipos sobre Galacia y Bitinia por la necesidad en la vida de un hombre.

Advertencia

El Espíritu Santo nos advierte a veces: "Y hallados los discípulos, nos quedamos allí siete días; y ellos decían a Pablo por el Espíritu, que no subiese a Jerusalén" (Hechos 21: 4). Si escuchamos las advertencias del Espíritu Santo evitaremos muchas dificultades y trampas.

El Espíritu Santo habla por varias razones. Su palabra puede ser para usted o para alguien más. Quizá testifique a su espíritu acerca de la fidelidad de Dios o tal vez le dé instrucciones o lo guíe a obedecer la voluntad de Dios. Podría decirle a su espíritu cuál es la persona elegida como esposo o esposa, o como compañero de ministerio o como socio en los negocios. Quizá le esté cerrando las puertas correctas debido a que no es el tiempo oportuno para abrirlas. Finalmente puede que le hable una palabra de advertencia.

Dios está tratando de intervenir en su vida, o quizá lo use a usted para intervenir en la vida de otra persona que no responde su llamada. En cualquier caso usted puede estar confiado porque nuestro *parakletos,* el Espíritu Santo, sólo habla el consejo que ha escuchado en los cielos.

No por prestigio

Una persona que ora en lenguas no obtendrá el reconocimiento o la recomendación humana. Esa es una posición muy indeseable e incómoda. Está trabajando tan duro o quizás más que el evangelista o el pastor, pero no recibe el aprecio de los seres humanos. No debe recibir méritos. Este ministerio se desarrolla en la oscuridad y el aislamiento porque aparentemente es insignificante.

Es una posición que pocos han alcanzado y más pocos aún son los que permanecen en ella. Muchos andan emocionados porque tienen el poder del Espíritu Santo pero, ¿qué están haciendo con esta unción? Dios nos da poder pero debemos usarlo para obrar en el fluir divino.

Una de las grandes bendiciones que la Iglesia ha recibido es la capacidad de hablar con Dios a alto nivel. Dios escogió tener parte de esta íntima comunicación desde la cima de una montaña. Llevó a Noé al Monte Ararat; a Abraham al Monte Moria; a Moisés al Monte Horeb, y a Elías al Monte Carmelo. Jesús le dijo al apóstol Juan "sube acá" para recibir la revelación.

En estos últimos días Dios está llamando a una Iglesia que ha dejado atrás los juegos. Nos hemos abierto paso hasta el lugar santísimo y vamos a ver una manifestación divina como nunca antes en la historia de la Iglesia. Los cielos están comunicando a la tierra un código secreto y hombres y mujeres se beneficiarán al recibirlo. A medida que el Espíritu hable a través de usted, pídale a Dios que le revele su corazón. Empezará a ver la guía, la dirección y el consuelo divino de una manera nueva y ello lo beneficiará a usted y a otros cuando hable lo que Dios le ha hablado a su espíritu.

Puntos de reflexión:

Jesús está hablando: ¡escúchelo!

Abra su ser a la Palabra de Dios.

Sea un faro en este mundo de tinieblas.

La oportunidad o el factor tiempo es clave.

La luz del Reino disipa las tinieblas de Satanás.

¿Está usted escuchando?

El Espíritu Santo habla por varias razones.

Permita que el Espíritu Santo fluya a través de usted.

Pensamientos y reflexiones

Capítulo 5

La Influencia del Espíritu Santo en el Mundo

La palabra *influencia* tal vez le traiga a la mente algo supersticioso o extraño. Pero el Espíritu Santo ejerce una gran influencia en el mundo actual. *Influencia* significa un "poder que causa un efecto por medios indirectos o tangibles". Significa cambiar o alterar drásticamente el curso de una cosa. Jesús influenció este mundo drásticamente y después de su ascensión le pasó la batuta al Espíritu Santo.

En el Antiguo Testamento el Espíritu Santo movió distintas situaciones, personas o acontecimientos, y siempre los cambió. Se hizo cargo de algunas situaciones imposibles y produjo cambios notables. Cuando terminó su misión regresó al lado del Quien lo había enviado a la tierra.

Ocurre con frecuencia que el Espíritu Santo espera hasta el momento más crítico para hacer su aparición. Esto tiene el divino propósito de que nadie ni nada le roben la gloria a Dios. El Espíritu espera hasta oír confesiones como "es demasiado tarde" o "no puedo" o "si Dios no interviene..." Entonces él entra en escena y produce un milagro.

Aunque Jesús realizó hechos asombrosos y poderosos les dijo a sus discípulos que les convenía más su partida: "Pero yo os digo la verdad: Os conviene que yo me vaya; porque si no me fuera, el Consolador no vendría a vosotros; mas si me fuere, os lo enviaré" (Juan 16: 7).

En otras palabras, su partida sería benéfica, ventajosa y necesaria. ¿Por qué era mejor que el Espíritu Santo viniera? Limitado por un cuerpo físico, Jesús sólo podía estar en un lugar a la vez. Cuando el Espíritu fue derramado podía realizar obras poderosas en dondequiera que encontrara instrumentos (creyentes) dispuestos.

El Espíritu Santo es capaz de cambiar cualquier situación. Muchos evitan una atmósfera ungida porque saben que serán desafiados a cambiar. Prefieren estar donde el poder de Dios *no está en movimiento* y nunca son retados, convencidos o transformados.

Las personas hacen ciertas cosas porque carecen de la presencia de Jesús en sus vidas. Si usted supiera que el Señor Jesús está justo al lado suyo, jamás haría las cosas que hace. El Espíritu Santo lo hace consciente de que él observa cada uno de sus movimientos para disuadirlo de hacer lo malo.

El transformador

> *Mas a todos los que le recibieron, a los que creen en su nombre, les dio potestad de ser hechos hijos de Dios; los cuales no son engendrados de sangre, ni de voluntad de carne, ni de voluntad de varón, sino de Dios* (Juan 1: 12).

Yo pido a Dios que como cristianos nunca perdamos nuestra convicción de que Dios sí transforma nuestras vidas. Tenemos que mantener este mensaje vivo. Nuestro Dios nos capacita para realizar los cambios radicales necesarios para cumplir con nuestro propósito y nuestras responsabilidades. Como la transformación de la oruga, el proceso ocurre gradualmente pero no por ello de manera menos poderosa. Muchas personas que conmoverán este mundo están durmiendo en su oscuro capullo, esperando su transformación. Al respecto la Escritura declara "...conociendo el tiempo, que es ya hora de levantarnos del sueño; porque ahora está más cerca de nosotros nuestra salvación que cuando creímos" (Romanos 13: 11).

Un vivo recuerdo de mis hijos gemelos jugando en el piso cuando eran niños me da a mí la continuación de este texto. Jugaban con un furgón o vehículo de carga y acompañaban el juego con los sonidos propios de un motor rugiente. No les puse mucha atención pues empezaba a desembarazarme de las preocupaciones del día. Distraídamente miré otra vez al piso y noté que los chicos jugaban ahora con un supuesto avión en una pista imaginaria. Les pregunté:

"¿Qué pasó con el furgón con el que estaban jugando?"

"Papi –me explicaron–, este es un transformador".

"¿Y qué es un transformador?"

Su respuesta me llevó a la presencia del Señor:

"Esto puede ser transformado de lo que era antes a cualquier cosa que queramos que sea".

De repente me di cuenta que fue Dios quien hizo el *primer ser* que podía trasformar. Él creó al hombre del polvo de la tierra. Y lo creó de manera tal que si él quería, podía sacar de él una mujer sin tener que volver a utilizar polvo de la tierra. Así, en un solo acto creativo Dios transformó el hombre en una pareja, un matrimonio; la pareja fue trasformada en una familia, y la familia en una sociedad. Nunca tuvo que tomar polvo de la tierra otra vez porque puso en el hombre un poder intrínseco transformador. Un variado potencial fue puesto en nuestro espíritu antes de nacer.

Para el cristiano, la transformación óptima es resultado de una obra interior. Dios puso ciertas cosas en nosotros que deben manifestarse. Albergamos el profético poder de Dios. Cada palabra de nuestro destino profético personal está en nuestro interior. Él ha ordenado que así sea.

> *Antes que te formase en el vientre te conocí, y antes que nacieses te santifiqué, te di por profeta a las naciones* (Jeremías 1: 5).

Sólo cuando nos cansamos tratando de extraer nuestros propios recursos vamos al Señor, lo recibimos y le permitimos liberar en nosotros el poder para llegar a ser lo que necesitamos ser. ¿Y no es eso –nuestro propósito– lo que realmente queremos conocer? Luego podemos utilizar el poder para convertirnos en lo que realmente somos. La vida ha cincelado a muchos y ha hecho de nosotros solamente fragmentos de lo que debíamos ser. Pero a todos los que lo reciben, Cristo les da el poder de escaparse de lo que fueron forzados a ser y los transforma en los individuos que Dios tenía en mente cuando los creó.

En cuanto al destino, la salvación es el poder dado por Dios para llegar a ser lo que Dios desde la eternidad decretó que usted fuera. "¿Desde la eternidad?" –pregunta usted. Desde antes de la fundación del mundo. Lo que los cristianos a menudo llaman *gracia* es realmente la capacitación de Dios para lograr un determinado propósito. Cuando el Señor le dice a Pablo que "Mi gracia es suficiente para ti..." (2 Corintios 12: 9), sencillamente está declarando que su poder no se intimida por las circunstancias.

¡Dios le da a usted el poder de lograr y alcanzar esas metas que trascienden las limitaciones humanas! Es importante que cada vaso o instrumento que Dios usa se dé cuenta de que puede lograr lo que otros no pueden, solamente porque Dios provee la gracia para ello. Los problemas en realidad no lo son para una persona que tiene la gracia para servir en un área particular.

Muchas veces alguna persona se me ha acercado para decirme: "¡Yo no sé cómo puede usted afrontar eso!" Si Dios nos da la gracia para obrar en cierta situación, las cosas no nos afectan como afectarían a otros que no la tienen. Por lo tanto es importante que no imitemos a otras personas. Suponiendo que tenemos los mismos talentos, quizá no tengamos la misma gracia. Recuerde que Dios siempre capacita y le da poder a quien quiera que emplea. Por sobre todo, debemos reconocer que la excelencia de nuestros dones es de Dios y no nuestra. Él no necesita ni la más mínima parte de nuestras contribuciones como nosotros pensamos. Así que es Dios quien realiza nuestro destino como seres humanos. Él nos da el poder interior para llegar a ser lo que somos por la eternidad.

La orquestación del cambio

Sería muy triste para los que no son salvos que el Espíritu Santo dejara de producir en ellos la convicción de pecado y de atraerlos al Salvador. "Ninguno puede venir a mí, si el Padre que me envió no le trajere; y yo le resucitaré en el día postrero" (Juan 6: 44).

El Espíritu Santo es vital en la provisión de la salvación: "Pero cuando venga el Consolador, a quien yo os enviaré del Padre, el Espíritu de verdad, el cual procede del Padre, él dará testimonio acerca de mí" (Juan 15: 26).

Miremos en qué consiste su trabajo en el mundo de hoy:

> *Y cuando él venga, convencerá al mundo de pecado, de justicia y de juicio. De pecado, por cuanto no creen en mí; de justicia, por cuanto voy al Padre, y no me veréis más; y*

de juicio, por cuanto el príncipe de este mundo ha sido ya juzgado (Juan 16: 8 – 11).

De acuerdo con este pasaje el Espíritu Santo le hace a usted los siguientes cargos:

1. *Reprueba* su pecado, lo que significa "convencer, exponer, producir convicción o reconocimiento de un hecho malo, señalar una falta".
2. Él lo convence a usted de la necesidad de justicia, es decir, de tener una correcta relación con Dios. La bondad de Dios y no la suya, es lo que lo salva.
3. Lo convencerá de juicio, no solamente sobre su futuro encuentro con Dios sino también sobre las influencias impías que lo hacen pecar.

El Espíritu Santo quiere orquestar un cambio en su vida. Hay muchos cristianos embarazados con dones, llamamientos y milagros; muchos de ellos ya pasados de tiempo; por eso Dios está induciendo los partos para traer liberación. Muchos creen que por cuanto han cometido muchos errores, Dios ha anulado su llamamiento. El diablo es un mentiroso "porque irrevocables son los dones y el llamamiento de Dios" (Romanos 11: 29). Él no los retrae.

El Espíritu Santo ha venido para convencerlo e inducirlo a usted a cambiar. ¡Atrévase a ser diferente! Niéguese a ser parte de la mundana multitud que no tiene una meta a la cual dirigirse. ¡Levántese y sacúdase! Encuentre una iglesia que refleje el cambio que el Espíritu Santo produce.

El cambio: un regalo de Dios

El cambio es un regalo de Dios. Y se lo da a la persona que se ve a sí misma bastante alejada de lo que cree que es su destino. Lo malo no es equivocarse sino no hacer los ajustes necesarios para corregir los errores. Incluso dentro de la comunidad cristiana hay quienes no creen en la capacidad de Dios para cambiar el corazón humano. Esta incredulidad al respecto hace que la gente juzgue a los demás sobre la base de su pasado. Asuntos ya pasados se reviven periódicamente por bocas chismosas. Pero el Señor progresivamente regenera la mente de sus hijos. No piense que el cambio real ocurre sin lucha y oración, pues aún así se puede lograr. Pedro dijo a una audiencia hostil: "A éste, Dios ha exaltado con su diestra por Príncipe y Salvador, para dar a Israel arrepentimiento y perdón de pecados" (Hechos 5: 31).

La Biblia llama al cambio, *arrepentimiento*. El arrepentimiento es un regalo de Dios a un corazón que quiere encontrarse a sí mismo. El Señor desea llevarlo a un lugar seguro y acogedor, pero sin la ayuda del Espíritu Santo usted puede buscar y buscar, y no hallar el arrepentimiento. El Señor muestra ese lugar solamente a quienes tienen hambre y sed de justicia. Un momento con el Espíritu de Dios lo puede llevar a una renovación que por su propio esfuerzo no podría encontrar ni disfrutar.

Pienso que fue este tipo de gracia la que motivó el himno "Gracia Maravillosa" de John Newton en el siglo XVIII:

Fue la gracia la que me enseñó a temer,
Y la que me libró de temores.
Cuán preciosa es esa gracia,
Que me enseñó a mí a creer.

Cuando Dios le da la gracia para hacer los cambios que usted sabe que no podría realizar por su propio esfuerzo, esa gracia llega a ser preciosa para usted.

Esaú, el hermano de Jacob, buscó ese arrepentimiento y no lo encontró:

> *Porque ya sabéis que aun después, deseando heredar la bendición, fue desechado, y no hubo oportunidad para el arrepentimiento, aunque la procuró con lágrimas* (Hebreos 12: 17).

Ser transformado es ser cambiado. Si usted no está avanzando hacia su propósito divino necesita desesperadamente arrepentimiento. El *arrepentimiento* tiene una fuerte connotación negativa para la persona que ha sido enseñada a creer que arrepentirse es una acción terrible y peligrosa. ¡Pero no lo es! El arrepentimiento es el requisito indispensable para un avivamiento. No puede haber avivamiento sin oración de arrepentimiento. Juan el Bautista enseñó a Israel: "Arrepentíos, porque el reino de los cielos se ha acercado" (Mateo 3: 2). Si Dios desea que usted cambie es porque quiere que esté preparado para lo que él desea hacer después en su vida. Alístese; lo mejor está por venir.

> *Porque a los que antes conoció, también los predestinó para que fuesen hechos conformes a la imagen de su Hijo, para que él sea el primogénito entre muchos hermanos* (Romanos 8: 29).

> *No os conforméis a este siglo, sino transformaos por medio de la renovación de vuestro entendimiento, para que comprobéis cuál sea la buena voluntad de Dios, agradable y perfecta* (Romanos 12: 2).

Influencia en cinco áreas

El Espíritu Santo ejerce influencia en cinco áreas importantes de su vida:

1. Él prepara el escenario para la Palabra de Dios.

2. Separa y declara.
3. Hace renacer las semillas enterradas.
4. Lucha con usted para llevarlo a un mayor compromiso y dedicación.
5. Busca un lugar para descansar en autoridad.

La preparación del escenario para la Palabra

El Espíritu Santo prepara el escenario para la Palabra de Dios: "Y la tierra estaba desordenada y vacía, y las tinieblas estaban sobre la faz del abismo, y el Espíritu de Dios se movía sobre la faz de las aguas" (Génesis 1: 2).

Note la condición de la tierra: *desordenada y vacía,* en ruinas, sin orden, vacía y en un completo caos. Las *tinieblas* que aquí se mencionan son más que la oscuridad con las cual estamos familiarizados. Significan desdicha y muerte.

Cuando este mundo estaba en esa ruinosa y caótica situación, carente de valor, el Espíritu de Dios preparó el escenario para un milagro. "Y el Espíritu de Dios se movía sobre la faz de las aguas" (Génesis 1: 2).

Que el Espíritu *se movía* significa que revoloteaba sobre la tierra para darle calor como una gallina cubre a sus polluelos en el nido. Este calor despierta la vida en el huevo y la incita a romper la cáscara. La vida está presente allí pero el cascarón debe ser roto. En el mundo del espíritu a esto lo llamaríamos una *ruptura* o un *avance*.

El Espíritu hizo el trabajo preparatorio. Ahora sólo faltaba el momento para que el Verbo diera la orden: "¡Hágase!" La Palabra obró conjuntamente con el Espíritu. Primero el Espíritu Santo se movió preparando el escenario para el mandato y autoridad de la Palabra.

La orden "¡Hágase!" implica que otra fuerza o influencia estaba tratando de impedir la transformación del caos y la confusión. Satanás es la única fuerza o influencia que opera en este sistema mundial. Él procura impedir que la obra de Dios se desarrolle a plenitud.

La alabanza en el movimiento del Espíritu

"Pero tú eres santo; tú que habitas entre las alabanzas de Israel" (Salmo 22: 3).

Cuando la alabanza asciende, la bendición desciende. La alabanza se convierte en el requisito para su milagro pues ella introduce al Señor Jesucristo en su situación.

Si enfrenta un dilema, alábelo. Si está pasando por un valle, alábelo. Si lo azota la tormenta, alábelo. A medida que lo alaba, Jesús, –el Verbo Vivo de Dios– irá directo a su problema y dirá: "¡Hágase!"

Cuando Felipe predicó en Samaria se prendió el avivamiento (ver Hechos 8: 5 – 8).

> *Un ángel del Señor habló a Felipe, diciendo: Levántate y ve hacia el sur, por el camino que desciende de Jerusalén a Gaza, el cual es desierto* (Hechos 8: 26).

> *Y el Espíritu dijo a Felipe: Acércate y júntate a ese carro* (Hechos 8: 29).

Un ángel guió a Felipe hasta el eunuco etíope. Note que el Espíritu Santo preparó el escenario pero luego la Palabra ocupó el lugar central en él. Ambos obraron juntos para convertir a este influyente varón (Hechos 8: 30 – 38).

Dios les prometió a los hijos de Israel que los sustentaría durante su jornada a través del desierto (ver Éxodo 16: 13 – 18).

Les envió el maná (que es tipo de la Palabra). Pero antes que el maná descendiera, el suelo se cubría de rocío (que es una figura ilustrativa del Espíritu Santo, la inspiradora presencia de Dios). Una vez más el Espíritu Santo preparó el escenario para la Palabra.

Separación y declaración

La influencia del Espíritu Santo separa y declara lo que se hará. Él separó la luz de las tinieblas, declaró lo que debían ser, y las puso en orden (Génesis 1: 4 – 5). Luego separó el firmamento y dividió las aguas. Llamó al firmamento cielo y declaró o llamó a lo seco tierra y a la reunión de las aguas llamó mares (Génesis 1: 9 – 10).

El Espíritu Santo hará lo mismo en nuestras vidas. Separará ciertas cosas en nosotros, establecerá límites, y declarará nuestro destino. Dios separó a los hijos de Israel de Egipto, fijó límites y fue delante de ellos para echar a sus enemigos pero ellos tuvieron que ir y poseer la Tierra Prometida. Entonces Dios dijo:

> *Todo lugar que pisare la planta de vuestro pie será vuestro; desde el desierto hasta el Líbano, desde el río Éufrates hasta el mar occidental será vuestro territorio* (Deuteronomio 11: 24).

El Espíritu Santo lo separa a usted para que Dios pueda declarar en la tierra lo que el cielo ha sabido desde la eternidad.

La resurrección de semillas enterradas

El Espíritu Santo desea resucitar las semillas que hay sepultadas en su vida (ver Génesis 1: 11 y 12). Las semillas estaban ahí pero se hallaban en la infertilidad. Dios hizo brotar criaturas de las aguas (ver Génesis 1: 20). Estaban ahí pero la Palabra las hizo brotar de debajo de donde él las había cubierto. Dios dio el mandato de que aparecieran las criaturas vivientes (ver Génesis 1: 24). Allí estaban en su mente pero sencillamente debía hacerlas brotar.

Del polvo de la tierra Dios formó al hombre. Pero el hombre, como las demás cosas, es solamente una forma de lo que puede ser antes de que el Espíritu Santo sople en él la vibración y frescura de la vida. Solamente entonces la forma se convierte en un ser viviente.

Dios busca el oro

Job soportó tremendo dolor emocional y aflicción física. Dios no solamente conoció sus problemas sino que los permitió. La pérdida de sus hijos, hijas y posesiones lo dejó en tremenda soledad y miraba su situación desde todos los ángulos tratando de encontrar a Dios.

Finalmente llegó a esta conclusión: "Mas él conoce mi camino; me probará y saldré purificado como el oro" (Job 23: 10). Hasta entonces, ni maldijo a Dios, ni murió.

Cada mina de oro está oculta bajo la tierra. La búsqueda del metal precioso demanda muchas horas de fatigosa labor. Toneladas de tierra deben ser removidas para poder encontrar el oro.

De igual manera una mina de oro yace bajo su carne. Crucificar su carne es doloroso pero debe ocurrir para que se revelen las joyas que hay en usted. Déle a Dios los derechos de excavación; después de todo, la mina le pertenece. Permítale cavar hondo y extraer el tesoro enterrado.

El diablo sabe que usted es una mina de oro esperando ser reclamada y trabajada. El adversario ha cubierto sus joyas preciosas con su pasado, sus pecados no confesados, sus traumas emocionales y su tradición religiosa. Pero el diablo no sabe que usted ha sido enterrado vivo. Usted sólo necesita que el Espíritu se mueva y que la Palabra lo descubra. Usted es el secreto mejor guardado del cielo y la peor pesadilla del infierno.

La lucha por un compromiso más profundo

> *Y dijo Jehová: No contenderá mi espíritu con el hombre para siempre, porque ciertamente él es carne; mas serán sus días ciento veinte años* (Génesis 6: 3).

Contender, en este versículo, significa luchar, tener conflicto, competir. El Espíritu Santo lucha con nosotros para llevarnos a un compromiso más profundo.

Si tan solo pudiéramos ver los diferentes espíritus y actitudes que enfrentamos al tratar con la gente. ¿Se ha preguntado alguna vez por qué se siente tan acabado y seco después de ministrar? ¿Es por el cansancio físico? En parte. Pero lo fuerte de la batalla es el conflicto con las fuerzas opositoras. Por eso es que la oración es tan importante para cualquier ministerio.

Necesitamos que el Espíritu Santo vaya delante de nosotros preparando las mentes y los corazones para la Palabra. Si el Espíritu viene realmente sobre usted, él cambiará su vida. Quizá no dance ni hable en lenguas, pero de alguna manera su vida será transformada.

En estos últimos días no vamos a tratar con novatos del reino de las tinieblas. Generales y coroneles del infierno atacarán a la Iglesia. Pero a medida que el Espíritu Santo nos lleve a una sumisión total, otra influencia se le opone.

Nosotros decidimos quién gana

Una vez leí un artículo acerca de un hombre que tenía dos perros. Cada fin de semana el hombre los ponía a pelear y recibía apuestas sobre cuál de los dos ganaría. Después de varias semanas alguien notó que el propietario de los perros nunca perdía una apuesta. Se le acercó y le preguntó cuál era el secreto de su éxito.

"Muy sencillo –respondió el hombre– Si quiero que gane un perro, dejo de alimentar al otro".

Esto es aplicable también al mundo del espíritu. El Espíritu Santo está ahí para luchar y ayudarnos en la decisión de alimentar nuestro espíritu y dejar de alimentar a la carne. Ganará el que esté mejor alimentado de los dos.

Mientras el Espíritu Santo lucha con nosotros, otra influencia está siempre presente:

> *Así que, queriendo yo hacer el bien, hallo esta ley: que el mal está en mí. Porque según el hombre interior, me deleito en la ley de Dios; pero veo otra ley en mis miembros, que se rebela contra la ley de mi mente, y que me lleva cautivo a la ley del pecado que está en mis miembros* (Romanos 7: 21 – 23).

> *Un día vinieron a presentarse delante de Jehová los hijos de Dios, entre los cuales vino también Satanás* (Job 1: 6).

El espíritu de desobediencia siempre procura apartarnos de donde el Espíritu Santo nos quiere llevar. Si prestamos atención a esta segunda fuerza, nos llevará cautivos. Cuando nos presentamos a Dios, Satanás y su perversa influencia se nos oponen, nos tientan y nos acusan. Pero nosotros decidimos quien gana.

Cuando ganar es perder

Mientras el Espíritu Santo contiende con usted para llevarlo a la sumisión y la obediencia, quizás usted esté reteniendo exactamente lo que él desea. Cuando usted se retira, tal vez sienta que ganó pero en realidad perdió. Algunas personas se dirigen hacia los rápidos o caídas de agua peligrosas que les harán dar unas cuantas volteretas. Si usted persiste en sus caminos, Dios estará al lado observando la lucha que usted piensa que ganó pero en realidad perdió.

Algunos han madurado y el Espíritu Santo quiere llevarlos a un nivel más alto. Pero esa es una elección que deben hacer.

> *Por tanto, dejando ya los rudimentos de la doctrina de Cristo, vamos adelante a la perfección; no echando otra vez el fundamento del arrepentimiento de obras muertas, de la fe en Dios, de la doctrina de bautismos, de la imposición de manos, de la resurrección de los muertos y del juicio eterno. Y esto haremos, si Dios en verdad lo permite* (Hebreos 6: 1 – 3).

Encontramos las mismas palabras en Génesis capítulo 1, "Vamos..." Dios le pide a usted que se aparte de lo carnal y vaya a lo sobrenatural. La gente resiste al cambio, pero para llegar al lugar donde Dios nos quiere, –y llegar a tiempo–, tenemos que seguir avanzando.

Dios quiso llevar a Israel a la tierra prometida, una tierra que fluía leche y miel. La leche denota sustento y la miel la dulzura de la victoria. Pero esta era una opción.

Noé tuvo una opción: "Entra tú..." (Génesis 7: 1), y tuvo que responder a ella. Aún después de subir a bordo, siguió teniéndola.

El arca tenía tres niveles. El primer nivel, donde se abordaba, sentía la turbulencia de las olas. Pero en el tercer nivel Noé estaba por encima de las aguas y podía mirar por una ventana que le daba acceso a Dios. Esta vista no estaba disponible en el nivel uno.

Reposo en autoridad

El Espíritu Santo busca un lugar para reposar en autoridad (Génesis 8: 8 – 12). La paloma simboliza al Espíritu Santo (Mateo 3: 16 – 17). Una paloma vuela alrededor de 250 kilómetros para encontrar un buen lugar donde migrar. Hace su nido bastante lejos del suelo, generalmente incrustado en una hendidura de la roca. Lucha por defender su nido y resiste con fiereza a las demás especies que tratan de invadirlo.

¿Qué conclusión sacamos de esta analogía?

- El Espíritu Santo busca migrar a su vida.
- Hará que usted edifique su nido en la roca. David dijo: "Desde el cabo de la tierra clamaré a ti, cuando mi corazón desmayare. Llévame a la roca que es más alta que yo" (Salmo 61: 2).

Podemos alcanzar un lugar en Dios que sea más alto que nuestros problemas y que nos proporcione una perspectiva divina. Debemos ser guiados a ese lugar. Es contrario a nuestra naturaleza desearlo; debemos resistir a la carne y decir: "Cuando me encuentre abrumado, mi espíritu superará mi naturaleza y encontrará satisfacción solamente en lo sobrenatural". Le pedimos a Dios que haga algo que nuestra carne no desea hacer: llevarnos a la roca –Jesús– lejos de nuestra lógica terrenal.

- El Espíritu Santo hará la guerra y peleará por usted cuando las aves extrañas pretendan introducirse en su nido.
- El Espíritu Santo busca donde descansar la planta de su pie (Génesis 8: 8 – 12). Mientras que el cuervo (nuestra vieja naturaleza) encuentra descanso en la tierra bajo juicio, la paloma tiene un enfoque diferente. Voló y buscó, pero no encontró un lugar para reposar. Dios quiere encontrar un lugar de reposo para su autoridad.

> *Jehová dijo así: El cielo es mi trono, y la tierra estrado de mis pies; ¿dónde está la casa que me habréis de edificar, y dónde el lugar de mi reposo?* (Isaías 66: 1).

> *Ni por la tierra [juréis], porque es el estrado de sus pies; ni por Jerusalén, porque es la ciudad del gran Rey* (Mateo 5: 35).

El Espíritu Santo voló en función misionera en el Antiguo Testamento cuando reposó sobre Abraham, Isaac y Jacob, pero ninguno de ellos era el escogido. Se posó sobre Moisés y lo capacitó para dirigir el Éxodo. Se posó sobre Sansón y encontró reposo por períodos que fueron de corta duración hasta cuando éste durmió en los brazos de Dalila.

Se posó sobre David diciendo: "Seguramente este es el ungido del Señor" pero él se convirtió en adúltero y asesino. Lo amó pero no fue el escogido. Se posó sobre Daniel pero tampoco lo fue. Iluminó a Isaías, pero el profeta, que no era el escogido, escribió acerca de otro que habría de venir:

> *Porque un niño nos es nacido, hijo nos es dado, y el principado sobre su hombro, y se llamará su nombre Admirable, Consejero, Dios Fuerte, Padre Eterno, Príncipe de Paz. Lo dilatado de su imperio y la paz no tendrán límite, sobre el trono de David y sobre su reino, disponiéndolo y confirmándolo en juicio y en justicia desde ahora y para siempre. El celo de Jehová de los ejércitos hará esto* (Isaías 9: 6 – 7).

Voló sobre Jeremías, pero el profeta llorón no había sido escogido. Entonces reposó sobre Ezequiel y realizó muchos hechos poderosos pero el gran profeta tampoco fue el escogido.

Finalmente miró desde los portales de la gloria y vio a Uno. Hubo sólo Uno digno en los cielos y en la tierra para que la paloma se posara sobre él.

Mientras Jesús estuvo en el Jordán la paloma descendió de los cielos diciendo: "He hallado al que ama mi alma". Se posó sobre él, y su autoridad y su unción reposaron sobre Jesús. El Espíritu Santo encontró un cuerpo donde posarse y en el cual habitar con autoridad.

Jesús murió, pero dijo: "Padre, en tus manos encomiendo [pongo y confío] mi espíritu" (Lucas 23: 46). Esta misma paloma descendió de la gloria como un viento recio (Hechos 2: 2), encontró un cuerpo (la Iglesia) en el cual habitar y donde su autoridad pudiera reposar.

¿Despejará usted la pista?

Cierto día, mientras volaba hacia el aeropuerto John F. Kennedy noté que el piloto voló en círculos por largo tiempo. Anunció que la niebla había oscurecido la pista y continuaría describiendo círculos hasta que la bruma se disipara. Después de algún tiempo finalmente logramos aterrizar.

En sentido espiritual, la pista de aterrizaje era yo y el avión representaba la paloma, el Espíritu Santo, quien desesperadamente quería aterrizar. Él desea posarse sobre los hijos de Dios, pero antes debemos despejar nuestras vidas y darle permiso de aterrizar. Mientras vuela en círculos, el Espíritu ve en nuestras vidas algunas cosas que deben ser despejadas antes de que él aterrice.

Hágale espacio al Espíritu Santo. Él quiere sanar sus heridas, su pasado, su trauma, incluso su más grande debilidad. Pero usted es la clave. ¿Despejará usted su pista? Si no lo hace él volará en círculos por un tiempo pero luego buscará otra.

Déle permiso al Espíritu de aterrizar en su vida. Si lo hace jamás volverá a ser el mismo.

Puntos de reflexión:

El Espíritu Santo lo hace a usted consciente de la presencia de Dios.

Dios lo capacita para el éxito.

Cuando la alabanza asciende, las bendiciones descienden.

Permítale a Dios desenterrar el tesoro que yace en usted.

Nosotros decidimos quién gana.

Hágale espacio en su vida al Espíritu Santo.

Pensamientos y reflexiones

Capítulo 6

El Clamor de un Vientre Estéril

Las mujeres israelitas lloraban con frecuencia por causa de la esterilidad de sus vientres. Ellas tomaban bien en serio el pacto que Dios había hecho con Abraham que prometía bendecir y multiplicar la simiente que finalmente haría nacer al niño: El Mesías. Los vientres estériles como el de Raquel clamaban:

> *Viendo Raquel que no daba hijos a Jacob, tuvo envidia de su hermana, y decía a Jacob: Dame hijos, o si no, me muero* (Génesis 30: 1).

Dios quiere que su esposa, la Iglesia, dé fruto para su gloria. ¿Y cómo lo hacemos? El mismo Señor Jesús dijo:

> *Yo soy la vid, vosotros los pámpanos; el que permanece en mí, y yo en él, éste lleva mucho fruto; porque separados de mí nada podéis hacer* (Juan 15: 5).

Al llevar fruto, Dios nos limpia para que llevemos más fruto.

> *Todo pámpano que en mí no lleva fruto, lo quitará; y todo aquel que lleva fruto, lo limpiará, para que lleve más fruto* (Juan 15: 2).

Al continuar andando en obediencia producimos mucho fruto, el cual también pone en acción nuestra unción. ¿Por qué debemos producir fruto?

> *En esto es glorificado mi Padre, en que llevéis mucho fruto, y seáis así mis discípulos* (Juan 15: 8).

Pero nosotros también nos beneficiamos:

> *Estas cosas os he hablado, para que mi gozo esté en vosotros, y vuestro gozo sea cumplido* (Juan 15: 11).

Vivimos en una sociedad depravada, derrotada y abatida. Lo que este mundo necesita debe estar colgando de las ramas de la Iglesia. La gente necesita amor, paz, alegría, es decir, el fruto del Espíritu. Esta es la forma en que Dios satisface las necesidades de la humanidad perdida.

> *El fruto del justo es árbol de vida; y el que gana almas es sabio* (Proverbios 11: 30).

Jesús relató una parábola acerca de un hombre que no encontró fruto en su higuera. Contrariado por su falta de productividad, el propietario quiso cortarla. Pero el viñador le pidió que le permitiera cultivarla un año más. Si al cabo del año no había producido fruto, podría cortarla (véase Lucas 13: 6 – 9).

La producción de fruto es algo serio para Jesús. El clamor de la Iglesia debería ser: "¡Dame hijos, o si no me muero!"

Nunca satisfechas

Salomón menciona cuatro cosas que nunca están satisfechas:

> *La sanguijuela tiene dos hijas que dicen: ¡Dame! ¡Dame! Tres cosas hay que nunca se sacian; aún la cuarta nunca*

dice: ¡Basta! El Seol, la matriz estéril, la tierra que no se sacia de aguas, y el fuego que jamás dice: ¡Basta! (Proverbios 30: 15 – 16).

La Biblia menciona varias parejas que tenían relaciones íntimas pero no tenían hijos: Abraham y Sara; Isaac y Rebeca; Jacob y Raquel. Estas esposas clamaban a Dios por causa de su vientre estéril.

Lo mismo ocurre hoy cuando sólo asistimos a la iglesia pero nos falta la intimidad con el Espíritu Santo. El vientre de nuestra alma llega a ser estéril. Necesitamos clamar y no estar satisfechos hasta que quedemos impregnados del fruto del Espíritu Santo.

¿Quiere usted hijos?

Muchos tienen temor de enamorarse del Espíritu Santo porque saben que el compromiso lleva a la intimidad, la inti midad a la concepción, la concepción lleva al parto, y el parto produce un bebé. Como en el mundo natural, se requiere una relación íntima para concebir.

Muchos cristianos tienen orgasmos espirituales pero nunca conciben un hijo. Y no quieren hijos porque no desean compromiso y responsabilidad. No quieren soportar nueve meses de embarazo. Muchos también han sido fecundados por el Espíritu Santo pero han elegido abortar el bebé. Otros cristianos que no pueden llevar su bebé hasta el fin de la gestación lo han abortado.

El vientre fue diseñado como un receptáculo para la semilla del hombre y un lugar para que el hijo concebido se desarrolle. Dios dio a Eva la responsabilidad y la bendición de tener hijos (ver Génesis 3: 16). La Biblia dice que Adán conoció a su mujer (Génesis 4: 1, 25). Esta relación íntima les dio un hijo. Usted puede seguir el rastro del linaje de Cristo hasta esta primera relación íntima.

María era virgen cuando el ángel le anunció que tendría un hijo. Ella le preguntó: ¿Cómo será esto? pues no conozco varón" (Lucas 1: 34). Este niño fue concebido por el poder de la unción del Espíritu Santo.

El ángel le respondió:

> *El Espíritu Santo vendrá sobre ti, y el poder del Altísimo te cubrirá con su sombra; por lo cual también el Santo Ser que nacerá, será llamado Hijo de Dios* (Lucas 1: 35).

Tres cosas iban a ocurrir:

1. Concepción: "Concebirás" (Lucas 1: 31)
2. Intimidad: "El Espíritu Santo vendrá sobre ti".
3. La implantación de la Simiente (Semilla): "el poder del Altísimo te cubrirá con su sombra".

Esta fue la obra del Espíritu Santo, pero él necesitó un vientre en donde hacer su designio.

¿Quién es usted interiormente?

El hombre fue hecho a imagen y semejanza de Dios. Somos seres tripartitos: cuerpo, alma y espíritu. Dios ha salvado nuestros espíritus. Nuestros cuerpos no son salvos. El cuerpo no quiere ser santo o producir buen fruto. Su cuerpo nunca lo despertará a usted a las 3 de la mañana para decirle que ore, ni lo anima a vivir rectamente. Nunca refrenará en usted el chisme. El cuerpo es carne y siempre lo será.

David oró: "Examíname, oh Dios, y conoce mi corazón; pruébame y conoce mis pensamientos" (Salmo 139: 23). ¿Qué utiliza Dios para escudriñarnos?

> *Lámpara de Jehová es el espíritu del hombre, La cual escudriña lo más profundo del corazón* (Proverbios 20: 27).

Este versículo nos muestra tres verdades:

1. El hombre es no solamente cuerpo y alma, sino también espíritu.
2. El espíritu del hombre es la lámpara del Señor.
3. El Señor usa este espíritu para escrutar lo más profundo de los seres humanos.

Bajo el traje de sus oraciones, su misticismo y su hablar en lenguas, ¿quién es usted realmente? Este ha sido siempre el problema con la santidad de factura humana. Tratar de cambiar a una persona exteriormente solamente le causa frustración, confusión, y un sentimiento de fracaso.

Dios hace todo lo contrario. Él lo cambia a usted de adentro hacia afuera. De la abundancia del corazón habla la boca. Cambiar de afuera hacia adentro no produce un efecto duradero. Siempre deja al vientre estéril clamando: "¡No es suficiente!" Es como pintar un edificio sin remover la basura atiborrada en su interior.

Hay diferencia entre maquillaje y arrepentimiento. El maquillaje cambia lo externo, el arrepentimiento cambia lo interno.

Renovados mediante la transformación de la mente

La Biblia enseña que debemos renovarnos mediante la transformación de la mente (ver Romanos 12: 2; Efesios 4: 23). Solamente el Espíritu sabe cómo renovar la mente. El conflicto interior que tenemos es con nuestra propia percepción. Generalmente la imagen que tenemos de nosotros mismos es afectada por quienes nos rodean. Y la temprana opinión que nos formamos de nosotros mismos es moldeada por las figuras con autoridad de nuestros años de formación. Si los padres tienden a descuidarnos o a ignorarnos, ello afecta nuestra propia estima. A pesar de todo eso, finalmente maduramos hasta el punto en que podemos andar a la luz de nuestra propia imagen sin que la dominen las influencias de los demás.

Cuando tenemos la experiencia del nuevo nacimiento volvemos otra vez a los años formativos cuando somos profundamente impresionables. Es importante estar siempre conscientes de la persona a quien le permitimos influenciarnos en los primeros años. Cuando quiera que desarrollemos una relación cercana con alguien, lo primero que deberíamos interesarnos en saber es "¿quién dice esa persona que soy yo?" Nuestra necesidad básica es recibir comprensión del círculo íntimo de personas con quienes nos relacionamos. Sin embargo, tenemos que estar listos a abortar la información negativa y destructiva que no nos lleva a un verdadero conocimiento de nuestras realidades y fortalezas interiores.

Jesús pudo preguntarle a Pedro y a los demás discípulos: "Y vosotros, ¿quién decís que soy yo?" porque ya conocía la respuesta (ver Mateo 16: 15). Pedirle a alguien que lo defina a usted sin conocer su propia identidad es muy peligroso. Cuando hacemos esa clase de pregunta sin tener una conciencia interior, le abrimos la puerta a la manipulación. Diciéndolo en pocas palabras, Jesús sabía quién era.

El Señor quiere ayudarlo a darse cuenta quién es usted y cuáles son sus capacidades. Cuando usted comprenda que Dios es el único que lo conoce, entonces lo buscará con intensidad y determinación. ¡Búsquelo! Escuche lo que Pablo dijo en el Areópago:

Y de una sangre ha hecho todo el linaje de los hombres, para que habiten sobre toda la faz de la tierra; y les ha prefijado el orden de los tiempos, y los límites de su habitación; para que busquen a Dios, si en alguna manera, palpando, puedan hallarle, aunque ciertamente no está lejos de cada uno de nosotros. Porque en él vivimos, y nos movemos, y somos; como algunos de vuestros propios poetas también han dicho: Porque linaje suyo somos (Hechos 17: 26 – 28).

El mensaje básico de este pasaje es que Dios ha fijado los tiempos de nuestra habitación. Él sabe quiénes somos y cómo nos puede tener. Este conocimiento encerrado en el consejo de la omnisciencia de Dios es la base de nuestra búsqueda, y cuando ese conocimiento entra en acción produce nuestra inmediata transformación. Él sabe la esperanza y la meta de nuestro llamamiento; no se ha alejado de nosotros; él se revela y quienes lo buscan y por eso lo encuentran. ¡La puerta se abre sólo para los que llaman, y los dones son para quienes los piden! (Ver Lucas 11: 9.) Pero el primer paso es la responsabilidad nuestra. Quienes tienen hambre y sed serán saciados. Recuérdelo: ¡en ninguna crisis está Dios lejos de quien lo busca!

Verdades transformadoras se hacen evidentes a través del canal de nuestra diligencia en buscar su rostro. Es mientras estamos en la presencia divina que Dios comunica omnisciente iluminación acerca del propósito y el curso de nuestra vida. A una mujer que había estado luchando durante 18 años con un problema físico le dijo Jesús que ya no estaba atada, ¡que era libre! Inmediatamente fue transformada por la renovación de su mente. (Ver Lucas 13: 11 – 13). Con razón David dijo: "En tu presencia hay plenitud de gozo" (Salmo 16: 11b). La solución está en la presencia de Dios, no en la del hombre. Hay una palabra renovadora que cambiará su forma de pensar acerca de sus circunstancias. Precisamente cuando el enemigo piensa que lo ha dominado, ¡usted logra su transformación frente a sus ojos!

Nuestros espíritus están unidos

> *El Espíritu mismo da testimonio a nuestro espíritu, de que somos hijos de Dios* (Romanos 8: 16).

Este pasaje habla de dos espíritus: el espíritu del hombre, y el Espíritu Santo. Unidos en el acto de la salvación, el Espíritu Santo testifica a nuestro espíritu que hemos sido salvos.

Una de las grandes bendiciones es que su obra es invisible. Él puede testificarle a su espíritu cuando toda la obra del infierno se desata y nadie lo sabe excepto usted. El Espíritu le habla a esas áreas que usted ha tratado de cambiar pero no ha tenido éxito. Áreas que quizá lo han hecho llorar. Cosas incrustadas en la profundidad de su ser que no podido eliminar a través de los años porque algo le impide hacerlo.

¿Ha deseado alguna vez algo que usted sabía que era conforme a la voluntad de Dios pero le ha sido imposible avanzar al respecto? Cuando ve a alguien disfrutar de lo mismo que usted pidió, algo se revuelve en su interior. Esto le permite saber que su bebé todavía está ahí. No lo ha abortado ni perdido. Mientras da vueltas en su habitación en la noche, la unción del Espíritu Santo le permite saber que todavía está en usted.

Lo que ocurre después es sencillamente asombroso. El Espíritu Santo llega a ser parte de su vida de tal manera que ya la relación suya con él es algo más que una cita de domingo en la iglesia. Usted empieza a conocerlo y a comprender su propósito. Se hace sensible a sus sentimientos y evita agraviarlo. Empieza a sentir un aprecio y un amor ardiente por el Espíritu Santo que lo ayuda a obedecerlo y a someterse a su dirección.

Esto mantiene ardiendo en su espíritu la llama de la pasión espiritual.

Como resultado de su comunión diaria con el Espíritu Santo, cada área estéril de su vida que ha clamado durante años –la matriz espiritual que nunca fue satisfecha– queda ahora fecundada por el Espíritu Santo.

Una profunda relación

Un hombre y una mujer que se gustan se hacen amigos y empiezan a conocerse y encontrarse a menudo a medida que la mutua atracción aumenta. Su compromiso se hace más fuerte, la relación más profunda, y finalmente se comprometen formalmente. Un anillo simboliza el lazo que hay entre ellos. Un día, frente a testigos, se casan. Esto los lleva a compartirse mutuamente de una manera más íntima. Su nueva intimidad física produce una concepción y finalmente un nacimiento.

A medida que el Espíritu de Dios da testimonio a nuestro espíritu se profundiza nuestra relación con Dios. “Un abismo llama a otro a la voz de tus cascadas; todas tus ondas y tus olas han pasado sobre mí” (Salmo 42: 7). Dios quiere que la Iglesia vaya más allá de una relación superficial en la que él es solamente un amigo.

Él nos llama a ser consistentes; desea un compromiso y últimamente una relación que una al Espíritu Santo con nuestro espíritu. La intimidad lleva finalmente a la concepción y al nacimiento. Ya no hay un vientre estéril.

Presentes en el nacimiento, manifiestos en la madurez

Cada padre contribuye con sus genes a la formación del hijo. Generalmente hay un gen dominante. Y en el ámbito espiritual ocurre lo mismo.

El hijo refleja ciertos rasgos de los progenitores. Es posible que tenga características físicas de cada uno de ellos: sus ojos, su nariz, sus manos, sus pies, el color del cabello. Sin embargo, otras características sólo se manifestarán con el tiempo y en la madurez.

Los genes que nos transmiten los rasgos de nuestros padres están dentro de nosotros. Tal como ocurrió en la creación original cuando las semillas estaban en el terreno pero inactivas. El Espíritu Santo obró en conjunto con la Palabra para liberar su capacidad de germinar. Por eso Dios dijo: "¡Sea!"

Dios mandó a Adán que conociera a su esposa y se multiplicara. Así mismo, si como Iglesia tenemos una relación íntima con el Espíritu Santo comenzaremos a producir simiente espiritual, o el fruto del Espíritu.

El ángel que le anunció a María que sería la madre de Jesús también enumeró cuatro características de la simiente santa (Lucas 1: 32 – 33). El ser que nacería:

1. Sería grande.
2. Sería el Hijo o la simiente del Altísimo.
3. Se le daría el trono de David su padre, lo cual denotaba autoridad.
4. Reinaría, lo que denotaba señorío.

La Iglesia es la esposa de Cristo. Estamos desposados con él "como una virgen pura" (2 Corintios 11: 2). Debemos poner nuestro vientre espiritual a disposición del Espíritu Santo quien nos permite liberar nuestra unción para su gloria. Como resultado de la relación, el vientre estéril que insatisfecho anhela y clama por realización e intimidad con Jesús comenzará a producir simiente a semejanza suya. Algunos de sus rasgos serán obvios desde el comienzo, mientras que otros necesitarán madurez y compromiso para llegar a su plena fructificación.

La producción de algo santo

Cuando Jesucristo nació de una virgen, la gente no sabía cómo reaccionar. Los pastores oyeron a los ángeles cantando: "¡Gloria a Dios en las alturas!" Y fueron y lo vieron envuelto en pañales en un pesebre.

Simeón sostuvo en sus brazos al niño Jesús en el templo y declaró que él era la consolación de Israel. Herodes trató de matarlo. Muchos creyeron que Jesús era solamente humano, y sin embargo, después de oírlo hablar supieron que era más que humano.

Aunque usted vive en un cuerpo de carne, el Espíritu Santo quiere hacer nacer en usted algo santo, algo que trasciende la lógica y el amor humano, y la sola emoción espiritual que lo deja prendido pero vacío. El Espíritu Santo quiere fecundarlo con una semilla que produzca en usted algo santo. Si lo que tiene con el Espíritu Santo es pasajero, su vientre permanecerá vacío. Si después de haber alcanzado su clímax y haber tenido su orgasmo espiritual, su vientre sigue estéril y clamando, ha perdido su propósito sobre la tierra.

Es un honor estar embarazado de Jesús y llevar este embarazo a su culminación. Y es un honor mirar su simiente espiritual y decir: "Esto es nacido de Dios". No importa qué hace nacer Dios en usted –un ministerio, un libro, una canción, un mensaje– sabe que lo que es nacido de Dios vence al mundo. Esta simiente espiritual tiene todas las características de su Padre celestial.

La producción del fruto del Espíritu

Usted nunca puede mirar a un hijo de Dios lleno del Espíritu y decir que su fruto es el Espíritu. No lo es; es tan sólo la simiente o producción del Espíritu Santo.

El fruto es algo que toma tiempo para desarrollarse. Es como el caso de los esposos que tienen intimidad física. Aunque la mujer concibe la semilla, son necesarios nueve meses para que el bebé nazca. Cuando la madre lo da a luz usted está viendo el resultado de una obra progresiva de nueve meses.

Este es el punto que deseo señalar: El bebé no es el padre sino el resultado de su semilla. El bebé no precedió al padre, sino a la inversa. El bebé no produjo al padre, éste produjo al bebé.

La esposa aportó el vientre; el padre la semilla, y la intimidad produjo la concepción. El hijo se parece al padre. Tiene su sangre, sus ojos, sus rasgos y características.

La Iglesia es la esposa de Cristo. Nosotros como Iglesia aportamos el vientre, el Espíritu Santo aporta la semilla, y nuestra relación con Dios produce la concepción. Al liberar la unción y producir simiente espiritual, ésta debe parecerse al Padre.

El fruto –no los frutos– del Espíritu

> *"Mas el fruto del Espíritu es amor, gozo, paz, paciencia, benignidad, bondad, fe, mansedumbre, templanza; contra tales cosas no hay ley"* (Gálatas 5: 22 – 23).

La frase "los frutos del Espíritu" no es bíblica. Las nueve funciones del Espíritu Santo que menciona Gálatas 5: 22 – 23 no son realizadas por nueve espíritus diferentes; son la obra de un Espíritu.

Una naranja tiene muchas secciones pero es una naranja, resultado de una semilla. Una mazorca de maíz tiene cientos de granos que resultaron de un solo grano. La tierra concibió el grano y pocos meses después nació un producto terminado. Un bebé tiene un cuerpo pero muchas funciones que resultaron como consecuencia de que la madre hubiera concebido de la semilla del padre. El hijo se desarrolló durante nueve meses.

El apóstol Pablo nos dice que las nueve funciones, rasgos o características son obra de un Espíritu. A esto lo llama el fruto del Espíritu" (Gálatas 5: 22).

Sin límites

Después de esta disertación sobre el fruto de un Espíritu, el apóstol hace una curiosa declaración. Dice: "contra tales cosas, no hay ley" (Gálatas 5: 23).

Nosotros tenemos leyes que definen lo que es ecto e incorrecto y que regulan o establecen los límites de nuestra conducta. Si traspasamos estos límites quebrantamos la ley. Por ejemplo, usted puede conducir a un máximo de 70 millas por hora en las vías interestatales del estado de Virginia Occidental. Si excede esa velocidad infringe la ley.

Con este pensamiento en mente el apóstol Pablo nos dice que en cuanto al Espíritu podemos pisar el acelerador. No hay ley que limite la semejanza del Padre que un hijo de Dios puede tener. Amor, paz y gozo ilimitados están a su disposición.

Usted tiene la clave

¿Sabía usted que nadie, ni siquiera el diablo, puede impedir que el Espíritu Santo actúe como su Padre celestial? Debemos estar sensiblemente conscientes de los sentimientos del Espíritu Santo. Aunque no hay límites acerca de cuanto se puede parecer o actuar como su Padre, podemos estorbar al Espíritu en cinco maneras:

1. No pasando tiempo de intimidad a solas con él, cuyo resultado es que no llegamos a conocerlo. Es algo así como

estar casado con una persona extraña con la cual se cohabita en la misma casa pero no se comparte nada ni se tiene comunicación con ella.

2. Afligiéndolo (Efesios 4: 30), lo que significa insultarlo, herir sus sentimientos o causarle tristeza.
3. Podemos apagarlo (1 Tesalonicenses 5: 19), o extinguirlo, como cuando se apaga un fuego.
4. Podemos mentirle (Hechos 5: 3). La Biblia dice que Satanás "llenó los corazones" de Ananías y Safira. Llenar significa henchir.
5. Podemos tentar al Espíritu (Hechos 5: 9).

Debemos evitar todo lo anterior a cualquier costo. Dios no permita que tengamos a disposición nuestra el asombroso poder del Espíritu Santo y no aprovecharlo. Él quiere llevarnos a una relación íntima con Jesucristo que nos deje embarazados.

El Espíritu Santo desea que conozcamos a Dios así como Adán conoció a Eva [o tuvo intimidad con ella] (Génesis 4: 1 – 25). Entonces produciremos la simiente prometida y empezaremos a dar el fruto del Espíritu. Adán produjo simiente solamente cuando conoció íntimamente a Eva.

¿Termómetro o termostato?

El Espíritu Santo opera como un termostato y como un termómetro. El termómetro refleja la temperatura que lo circunda, y el termostato controla el sistema de calefacción interior que produce la lectura del termómetro.

El Espíritu Santo obra en su interior de igual manera. Sus acciones exteriores (lo que dice y hace) reflejan su temperatura a quienes lo rodean. Miremos la manifestación externa de una vida llena del Espíritu.

"Mas el fruto del Espíritu es amor, gozo, paz, paciencia, benignidad, bondad, fe, mansedumbre, templanza; contra tales cosas no hay ley" (Gálatas 5: 22 – 23).

Este pasaje describe tres grupos de cualidades de a tres cada uno. Desglosémoslos y asignemos a cada uno un nombre específico:

1. Atmósfera
2. Actitud
3. Atributos

La atmósfera es el ambiente que lo rodea. Quizá se encuentre en una atmósfera muy hostil donde el fruto y las obras de la carne son manifiestas. Sin embargo, si usted se somete al Espíritu, él arroja agua sobre esa frase desconsiderada que usted quería decir. El Espíritu Santo encenderá un fuego que traerá calor a esa atmósfera de frialdad, esperanza en medio de la desesperación, alegría en medio de la tristeza, y amor en donde hay amargura y deseos de venganza. Estos tres primeros frutos –amor gozo y paz– son transformadores de atmósferas y situaciones.

La segunda tripleta –paciencia, benignidad, bondad– son los frutos transformadores de las actitudes. Aunque somos salvos y llenos del Espíritu Santo, cada uno de nosotros tiene el potencial de adoptar actitudes. A veces Dios nos permite pasar por situaciones difíciles para que podamos ver lo que hay realmente en nuestro interior. Cuando vemos nuestra impotencia, debilidad y desesperación, eso nos hace clamar: "Señor, ¡te necesito!"

Quizá usted fue benigno con alguien que después lo utilizó. Tal vez caminó la milla extra por una persona que finalmente lo traicionó. De pronto trató a alguno con gentileza y éste después se volvió en contra suya y abusó de usted.

Dios obra aún en estas penalidades. Cuando clama a Dios, él toma su incapacidad para hacer lo que usted cree correcto y la convierte en una plataforma de oportunidad divina. Entonces usted puede obrar con paciencia, benignidad y bondad.

Un atributo es sencillamente un rasgo de la personalidad o el carácter. Si fuéramos abandonados a nuestra propia suerte llegaríamos a la misma conclusión que el apóstol Pablo: "¡Miserable de mí!" (Romanos 7: 24). Quizá sepamos qué es lo recto y lo queremos hacer, pero no sabemos cómo (ver Romanos 7: 15 – 25).

Dios hace su obra más excelente cuando todas las probabilidades están en su contra. Espera hasta que el barco está lleno de agua antes de calmar su tormenta. Deja que el horno se haya calentado siete veces y luego aparece en él como el cuarto en escena. Permite que el cuerpo de Lázaro se descomponga para luego resucitarlo. Espera que una junta de médicos diagnostique su tumor como inoperable, y entonces hace presencia.

Usted tiene una fortaleza que desafía la lógica humana. Posee una capacidad de resistencia que no puede atribuirle a nadie más que a Dios. Disfruta una paz que aún el apóstol Pablo no pudo comprender y sólo pudo llamarla "la paz de Dios que sobrepasa todo entendimiento" (Filipenses 4: 7). Refleja un gozo que el apóstol Pedro no pudo describir, de modo que lo llamó: "gozo inefable y glorioso" (1 Pedro 1: 8).

A esta tercera tripleta –fe mansedumbre y templanza– la llamamos el fruto de los atributos porque son cualidades que no se le pueden atribuir a usted sino solamente al Espíritu Santo.

En su interior yace la capacidad de llegar a ser lo que usted elija. Recuerde que tiene una opción y ella trae un precio adjunto.

Vida de la muerte

La verdad se puede ver en el mundo físico y espiritual. Jesús ilustró una dinámica verdad espiritual con un ejemplo común:

> *De cierto, de cierto os digo, que si el grano de trigo no cae en la tierra y muere, queda solo; pero si muere, lleva mucho fruto* (Juan 12: 24).

Cuando una semilla cae a tierra, su cáscara debe morir, descomponerse, o fenecer. Esta envoltura exterior tiene un solo propósito: abrigar o contener el corazón del grano, el cual produce la nueva vida.

Esta cáscara exterior es como el cuerpo que alberga el alma y el espíritu. Cuando "crucificamos la carne" (Gálatas 5: 24), y "buscamos las cosas de arriba" (Colosenses 3: 1), la vida del Espíritu fructifica plenamente en nosotros.

Entonces podemos decir con confianza:

> *Con Cristo estoy juntamente crucificado, y ya no vivo yo, mas vive Cristo en mí; y lo que ahora vivo en la carne, lo vivo en la fe del Hijo de Dios, el cual me amó y se entregó a sí mismo por mí* (Gálatas 2: 20).

Debemos esperar con paciencia

Cuando una semilla cae al suelo y es cubierta, yace dormida por cierto tiempo. Nadie puede verla; nadie puede decir que algo está ocurriendo. Pero durante este tiempo ocurre el proceso de germinación. La cáscara muere y del corazón del grano brota una nueva planta.

En el ámbito espiritual no es diferente. El apóstol Pablo les dice a los Gálatas: "Haced morir, pues, lo terrenal en vosotros:

fornicación, impureza, pasiones desordenadas, malos deseos y avaricia, que es idolatría" (Colosenses 3: 5). *Haced morir* es una frase mortuoria, relativa a la muerte y a cuerpos disfuncionales.

¿Qué está diciendo Pablo aquí? Que la naturaleza carnal no siga siendo la fuerza dominante en sus vidas. Permítanle al Espíritu Santo obrar en ustedes haciendo morir la carne para que la nueva vida se manifieste.

Encontramos el mismo principio en Números 17: 1 – 8, donde Dios tomó algo que aparentemente estaba muerto (la vara de Aarón) e hizo que floreciera. Quizá usted ansía funcionar y producir fruto. Si se siente estéril, usted sabe cómo lloraban las esposas judías por causa de sus vientres estériles.

Es tiempo que la Iglesia, que es la Esposa de Cristo, llore por su esterilidad. Dentro de cada creyente hay un espíritu que clama como Jacob: "Sé que soy Jacob, pero dentro de mí existe el deseo de llegar a ser Israel".

¿De quién es el bebé que lleva en su vientre?

Permítame concluir este capítulo con una pregunta: ¿De quién es el bebé que lleva en su vientre? A la media noche usted siente sus movimientos; quizá ya su tiempo de dar a luz se ha cumplido, pero el destino moviéndose en su interior le permite saber que Satanás no ha podido abortar su bebé.

Los campesinos dicen que si encuentran una mancha de sangre en el huevo es porque el gallo estuvo con la gallina. Dentro de su espíritu hay un vientre que lleva un hijo del Espíritu Santo. María aportó el vientre; el Espíritu Santo aportó la simiente, y la simiente suplió la sangre.

A cada hijo se le puede relacionar con el padre por su ADN. El tipo de su sangre es resultado ciento por ciento de la semilla del padre, y es normal que herede algunas de las características de su progenitor. Quizá los ojos, la nariz, el color del cabello. Tal vez alguien diga que se comporta como el papá

Puede que eso se diga también de nosotros después de darnos cuenta de que llevamos el bebé del Espíritu Santo. Que nos rebelémonos contra la mediocridad, la flexibilidad y el espíritu de indiferencia que sólo nos lleva a tener un vientre estéril e insatisfecho. Clamemos por mayor revelación de la voluntad de Dios para nuestras vidas.

Puntos de reflexión:

Llene el vientre de su espíritu con el Espíritu Santo.

Él ya conoce la respuesta.

Mantenga ardiendo la llama de la pasión espiritual.

Profundice su relación con Dios mediante la intimidad.

Produzca algo santo en asocio con el Espíritu Santo.

Contra tales cosas no hay ley.

¿Qué temperatura marca su termómetro?

Amor, gozo y paz…

Dios entrará en escena.

Haga morir la carne.

Pensamientos y reflexiones

Capítulo 7

Revivamos Lo Que Queda

La palabra *revelar* significa descubrir una cosa; destapar totalmente, abrir o publicar un asunto. La revelación es un acto de Dios tan real como él mismo. Es una bendición que el Dios omnisciente descubra un asunto, revele su voluntad y manifieste los planes que tiene para su vida.

La revelación de Dios viene en tres facetas: pasado, presente y futuro. Primero, Dios revela aspectos de nuestro pasado para instrucción o edificación. Jesús le dijo al apóstol Juan en la isla de Patmos: "Escribe las cosas que has visto [pasadas], y las que son [las presentes]". (Apocalipsis 1: 19).

"Sube acá"

El apóstol Juan registra estas palabras:

> *Después de esto miré, y he aquí una puerta abierta en el cielo; y la primera voz que oí, como de trompeta, hablando conmigo, dijo: Sube acá, y yo te mostraré las cosas que sucederán después de estas* (Apocalipsis 4: 1).

Tanto el contexto como la interpretación doctrinal de este versículo se refieren al arrebatamiento de la Iglesia. Pero cada interpretación primaria tiene una segunda aplicación. Dios llevó al apóstol Pablo al tercer cielo para que recibiera una tremenda revelación (2 Corintios 12: 1 – 5).

La revelación procede del Espíritu

Jesús declaró lo mismo a las siete iglesias en Apocalipsis capítulos 2 y 3. "El que tiene oído, oiga lo que el Espíritu dice a las iglesias" (Apocalipsis 3: 6).

Primera de Corintios 2: 9 – 14 nos arroja más luz sobre este versículo. Lo que el Espíritu revela es totalmente asombroso. El espectro de la bendición de Dios cubre lo que ojo no vio, ni oído oyó. Y es mucho más sorprendente que eso. La bodega de la voluntad de Dios para nuestras vidas incluye bendiciones en las cuales jamás hemos pensado, cosas que sobrepasan nuestra imaginación más febril, que jamás el corazón albergó. ¡Eso es asombroso!

> *Pero Dios nos las reveló a nosotros por el Espíritu; porque el Espíritu todo lo escudriña, aun lo profundo de Dios* (1 Corintios 2: 10).

El apóstol Pablo las llama "lo profundo de Dios". Muchos de nosotros no pasamos de los primeros oráculos o del lugar de partida con Dios, lo cual limita nuestra capacidad para poner nuestra unción en acción.

La bodega de los cielos está completamente llena. Usted jamás podrá agotar su inventario de gloria. Si no andamos de manera tal que podamos tener acceso a ella, estas gloriosas realidades jamás serán nuestras.

> *Por tanto, dejando ya los rudimentos de la doctrina de Cristo, vamos adelante a la perfección* (Hebreos 6: 1a).

Este pasaje nos muestra que debemos avanzar partiendo del punto de donde comenzamos con Dios.

Como lo mencionamos previamente, el arca de Noé constaba de tres pisos. Pero la ventana que le daba vista a los cielos estaba ubicada en el tercer nivel. Si Noé se quedaba en el primero o el segundo no podía ver a través de la ventana. Debemos ubicarnos en una posición donde podamos ver.

Muchos cristianos jamás tienen acceso a las ventanas de los cielos porque todavía están viviendo en la parte exterior y nunca han irrumpido en la tercera dimensión del lugar santísimo. Viven en derrota y carnalidad porque se han mantenido en el mismo nivel en el cual abordaron el arca de la salvación.

Había una vez un niñito que siempre se caía de la cama. La madre lo aseguraba bien, pero cuando lo dejaba durante la noche volvía a escuchar el golpe en el suelo de su nueva caída. A la tercera vez decidió permanecer en la puerta para ver por qué se caía y notó que el chico dormía al borde de la cama por donde subía. Una vuelta para el lado equivocado provocaba su caída.

Muchos caen de la comunión con Dios porque jamás ascienden al tercer piso. Por eso sienten la turbulencia de las olas en cada tormenta. Han permanecido demasiado cerca de donde empezaron.

¡No se desvíe!

Las siete iglesias mencionadas en Apocalipsis representan siete épocas o períodos de tiempo que comenzaron aproximadamente en el año 96 d. C., y llegan hasta el presente. Más importante aún, representan siete etapas de la historia de la Iglesia.

En Apocalipsis 2: 1, Jesús estuvo dentro de la iglesia de Éfeso. En Apocalipsis 3: 20 estaba a la puerta llamando. Esto nos muestra la desviación de la Iglesia. Cada una de estas iglesias describe o retrata nuestra vida como hijos de Dios en un momento determinado.

1. Dejamos nuestro primer amor (Apocalipsis 2: 4).
2. Hemos tenido tribulación como la iglesia de Esmirna, una ciudad notoria por producir el perfume llamado Mirra (Apocalipsis 2: 8).
3. Hemos tenido el espíritu de Pérgamo con el cual hemos hecho tropezar a otros (Apocalipsis 2: 14).
4. Tenemos en nosotros cosas que una vez fueron fuertes pero que han empezado a morir, como en el caso de la iglesia de Sardis (Apocalipsis 3: 2).

Esta revelación provino de los siete espíritus de Dios y las siete estrellas. Los siete espíritus denotan perfección o plenitud. No son siete diferentes espíritus sino que muestra la plenitud de un Espíritu (Isaías 11: 2). Las siete estrellas simbolizan los ministerios. La palabra que predicaron obrando en conjunto con el Espíritu trajo esta revelación a las iglesias (Apocalipsis 1: 20).

Miremos el mensaje:

- Dios dice a las iglesias: "Yo conozco". Estas son palabras que producen humildad, incluso temor. Piense tan solo en todo lo que hay que saber acerca de usted, y Dios dice: "Yo conozco… yo sé…"
- Dios dice: "Yo conozco tus obras". Él mira más allá de la apariencia superficial, y dice: "Yo sé lo que otros no saben porque conozco el corazón".
- Dios dice: "Yo conozco tu nombre". Dios sabe nuestro nombre, nuestra reputación. Y dice: "He oído tu quehacer y sé qué clase de reputación tienes". ¿Sabía usted que Dios lo sabe todo sobre usted y todavía lo ama? ¿Que conoce su reputación y todavía lo usa como ministro? Él puede saber quién es usted realmente tras su adoración,

sus cantos, su danza, tras su hablar en lenguas y su predicación.

- Dios dice: "Sé la verdad, conozco tu nombre". Él sabe que su nombre es Jacob pero pregunta: "¿Cuál es tu nombre?"Cuando el Dios todo sabiduría y conocimiento hace una pregunta, no es para su beneficio. Es usted quien necesita confesar: "Mi nombre es Jacob". Aunque él sabe nuestro nombre desea que lo confesemos porque lo va a cambiar y a profetizar un glorioso destino para nosotros.

Mis ovejas oyen mi voz, y yo las conozco, y me siguen (Juan 10: 27).

Jesús conoce sus ovejas por nombre y ama y cuida a cada una de ellas.

Escribe al ángel de la iglesia en Sardis: El que tiene los siete espíritus de Dios, y las siete estrellas, dice esto: Yo conozco tus obras, que tienes nombre de que vives, y estás muerto. Sé vigilante, y afirma las otras cosas que están para morir; porque no he hallado tus obras perfectas delante de Dios (Apocalipsis 3: 1 – 2).

- Más allá del nombre, Dios ve la realidad. La muerte significa separar, cortar. Es como poner un interruptor eléctrico en posición de apagado que interrumpe el circuito y corta el fluido eléctrico. Dios dice: "Sé que estás separado de la vida. Tu nombre puede decir otra cosa, pero yo sé".

- Dios también revela una bendición. Algo quedó con lo cual se puede obrar. Jesús lo dijo en Apocalipsis 3: 2: "Sé vigilante". La palabra *vigilante* significa despertar o estimular algo que está a punto de morir. Si el Espíritu Santo dice que las cosas que quedaron están a punto de morir, quiere decir que hay algo de vida todavía. Quizá usted siente que su ministerio está muerto. Pero si todavía algo se mueve en usted al respecto, es necesario despertarlo porque lo que se mueve tiene vida todavía.

"Afirma las cosas que están para morir". La palabra afirmar significa solidificar, establecer, enderezar otra vez; tomar algo debilitado y edificarlo de nuevo. Dentro de usted hay llamamientos y talentos que han sido debilitados, pisoteados o restringidos. Su visión, su sueño o su deseo tal vez haya sido aplastado. Quizá no tenga ningún control sobre las circunstancias o es posible que su desobediencia haya afligido al Espíritu Santo. Pero mi amigo, ¡levántese! Lo que sea que el diablo le hizo, no completó el trabajo; dejó algo en usted que aún se puede afirmar.

El apóstol Pablo dijo: "Por tanto, de buena gana me gloriaré más bien en mis debilidades, para que repose sobre mí el poder de Cristo" (2 Corintios 12: 9). Cuando sus fuerzas se acabaron y sus recursos se agotaron no tenía a donde ir. No podía confiar en otras fuerzas que las que el Señor le diera.

Su propia fuerza no es suficiente, pero si toma lo que le queda de ellas y lo da a Dios, encontrará que él es suficiente.

Jeremías miró los muros destruidos de Jerusalén, y lloró. Pero tomó lo poco que el diablo había dejado y los reconstruyó. Quizá usted ha estado llorando por lo que el diablo le ha robado. Y mientras llora y se deprime y da paso a la ansiedad, el enemigo lo hace olvidar de lo que le queda.

> *¡Oh Señor, cuánto se han multiplicado mis adversarios! Muchos son los que se levantan contra mí. Muchos son los que dicen de mí: No hay para él salvación en Dios. Mas tú, Señor, eres escudo alrededor de mí; Mi gloria, y el que levanta mi cabeza. Con mi voz clamé al Señor, Y él me respondió desde su monte santo.* (Salmo 3: 1 – 4).

Yo me acosté y dormí, y desperté, porque el Señor me sustentaba (Salmo 3: 5).

David declara que es el Señor quien nos sustenta en los tiempos peligrosos de conflicto y lucha interior. La preciosa paz de Dios es la que alivia la tensión cuando estamos tratando de tomar decisiones frente a la crítica y al cinismo. Cuando usted se da cuenta de que algunas personas no desean que tenga éxito, la presión aumenta drásticamente. Muchos han dicho: "Dios no lo librará". No obstante, el que muchos lo digan no lo hace cierto. Yo creo que el lugar más seguro en todo el mundo es el centro de la voluntad de Dios. Si ajusta sus planes al propósito divino, ¡el éxito es inevitable! No obstante, si no he sido todo lo exitoso que me hubiera gustado ser, aún así el procurar el propósito de Dios inevitablemente aumenta mis recursos y hace posible lo imposible. Si viene la tormenta pero sé que estoy en la voluntad de Dios, entonces lo demás poco importa.

Recuerdo cuando mi esposa y yo estábamos criando los dos primeros hijos. Los tiempos eran difíciles y el dinero escaseaba. Yo no soy el tipo de esposo que no se preocupa por la provisión de Dios en su casa. Muchas fueron las noches en que me afligía por las necesidades de mi familia. Dando vueltas, orando y preocupándome, no estaba seguro si sobreviviría.

En esos momentos Satanás me mostraba imágenes de mi familia vestida con harapos, viviendo bajo un puente, con un recipiente de 55 galones como el único medio de calefacción. Así es él de sádico. Casi me abrumaba el estrés tratando de elevar nuestro nivel de vida.

Oraba o, más exactamente, me quejaba ante Dios. Le explicaba que yo vivía más cerca de él que antes y no obstante sufría para pagar las cuentas de los servicios públicos y carecía de alimentos. En esos días le preguntaba: "¿Dónde estás, Señor?"

Yo era un pastor y predicador; todos los demás hombres de Dios parecían tener abundancia y yo padecía necesidad. Mi auto se veía tan mal que cuando tenía invitados en la iglesia uno de mis diáconos se ofrecía voluntariamente para esconderlo detrás del edificio. Veía a mi esposa calentando agua para bañarnos. El gas lo habían cortado y a veces también la electricidad. Yo predicaba, cantaba y gritaba, pero en mi interior un terremoto de frustración se comenzaba a incubar.

Luego el carro se arruinó. No tenía que ir muy lejos pues había llegado casi a su final. La única forma de arreglarlo era entregarle el cuerpo al cementerio, y el motor al Señor. En ese momento necesitaba ir al centro a pedirle a la compañía de energía eléctrica que no nos cortara el único servicio que nos quedaba. Tomé el autobús y luego entré a la oficina de la empresa preparado para suplicar, pero no para pagar. Le imploré a la empleada, le prometí pagar, pero nada la convenció y la electricidad fue cortada de todos modos. Yo estaba abatido. Me habían despedido de mi empleo y la iglesia era demasiado pobre para ayudarme. Estaba en apuros. Salí de la oficina con lágrimas en los ojos. Y no un par de lágrimas escapadas furtivamente sino un diluvio de llanto acompañado de gemidos, sollozos y lamentos. Estaba acabado.

Ante esta melodramática explosión Dios no dijo absolutamente nada. Esperó hasta que recuperé un cierto nivel de compostura y entonces me habló. Jamás olvidaré el dulce tono de su voz en medio de los profundos suspiros de mi acobardada frustración. Con un tono musical me dijo: “No soporto tu sufrimiento”. Eso fue todo lo que dijo, pero la forma en que lo dijo hizo que mi adoración diluyera el dolor de mi corazón. Es como si estuviera diciendo: “¿Quién crees que soy? No soporto tu sufrimiento. ¿No entiendes que te amo?”

Nunca olvidaré mientras viva el santo sosiego y la paz de su promesa que vino a mi espíritu. De repente la electricidad, el gas y el dinero ya no importaban. Lo que importaba es que yo sabía que no estaba solo. Dios se sentó a mi lado y juntos hicimos el trayecto en el bus, el Señor y yo, mirándonos mutuamente a los ojos.

Levántese

Levántese mi amigo y coja lo que le queda. Qué importa si su alegría ya no es lo que solía ser antes. Use la que le ha quedado. ¿Y si su entusiasmo se ha enfriado? Retenga lo que le queda. ¿Y si ya no le queda casi nada de fuerza? Tome lo que aún le queda y sea lo que Dios dijo que puede ser. No le permita a las circunstancias abortar su sueño ¡Ponga su unción en acción!

Si una persona está a punto de morir, no necesariamente hacemos preparativos funerarios. Cuidamos y nutrimos la poca vida que aún tiene. A veces la ponemos en la unidad de cuidados intensivos, o la sometemos a cirugía, o la conectamos a ayudas vitales a un respirador, pero no nos damos por vencidos hasta que esté lo suficientemente estable para respirar por sí misma.

A Satanás le encantaría ver que usted pronuncia los últimos ritos sobre su ministerio o sobre sus sueños. Si se siente próximo a morir espiritualmente, no enfatice el hecho de que se está muriendo sino de que está medio vivo.

En la parábola del Buen Samaritano Jesús dijo que los ladrones dejaron al hombre "medio muerto" (Lucas 10: 30). Cometieron un grave error. Dejaron al hombre con la suficiente vida para revivir. Él volvió a la vida.

Quizá a usted le diagnosticaron una enfermedad terminal. Ponga su caso en manos del Gran Médico. Niéguese a aceptar el veredicto. Pida una segunda opinión.

Es tiempo de hacer inventario

Su milagro no está en lo que perdió sino en lo que le queda. Dios no se desalienta por su carencia. Él lo anima a levantarse y a agarrar lo que le ha quedado.

Dios conoce, lo cual me dice que no está sorprendido. Estas dos palabras pueden parecer insignificantes pero es vital que las entendamos. No tenemos que simular; Dios sabe que no todo está bien, que usted no controla la situación, que es un caso de emergencia, que está en una situación crítica. Pero a pesar de su dificultad, él dice: "Nada está acabado para ti hasta que yo diga que lo está".

En medio de su prueba, dificultad o tormenta, ¿siente todavía un deseo de triunfar? ¿Se niega a aceptar un *no* como respuesta? Dios puede tomar todo lo que usted ha perdido –su tiempo, su gozo, y su integridad– y restaurarlo como si nunca hubiera ocurrido.

El milagro de la fortaleza divina, a diferencia de las personas que confían en su propia valía es que Jesús no luchó con arrogancia. Él sabía quién era, no obstante "se despojó a sí mismo" (Filipenses 2: 7a). Cuando usted tiene un sano concepto de su propia identidad, eso lo libera de la necesidad de impresionar a otras personas. Su opinión deja de ser el santuario en donde usted adora.

La mayoría de personas llegan al Señor lastimadas. Muertas espiritualmente, emocionalmente lastimadas, y físicamente decaídas. Cuando él nos salva revive nuestro espíritu que estaba muerto. También nos promete un nuevo cuerpo. Luego comienza la renovación masiva necesaria para reparar los conceptos erróneos acerca de la vida, de las demás personas y de nosotros mismos, y es aquí donde son necesarios todo tipo de clavos, de sierras, de niveles, bloques y ladrillos.

Mientras que exteriormente vestimos y lucimos bien, la gente no escucha el constante martilleo y el ruido de sierras en el interior a medida que el Señor trabaja en nosotros para presentarnos como una nueva obra maestra digna de él y para su uso.

La mente es renovada continuamente por el Espíritu Santo. Él desea perpetuar una nueva mentalidad dentro de nosotros que nos capacite para remontarnos sobre el pasado. Nos fecunda con esperanza y nos llena de propósito a medida que liberamos nuestra unción.

Déle a Dios lo que queda

Sansón perdió su integridad, su cabello, su fuerza, su apariencia y sus ojos. No obstante, mientras moría en el campo del enemigo tomó lo que le quedaba y lo puso a disposición de Dios, y el Señor le permitió realizar un milagro más grande que todos los que había realizado en toda su vida.

Los discípulos tenían solamente cinco panes de cebada y dos peces, pero Jesús pidió que se los entregaran. Ponga a disposición de Dios lo que usted tenga y él hará un milagro con lo que le queda.

Cuando David enfrentó a Goliat descartó la armadura de Saúl. El chico pastor tenía solamente cinco piedras pequeñas; se desembarazó de todo lo demás y dijo: "Tú vienes a mí con espada y lanza y jabalina; mas yo vengo a ti en el nombre del Señor de los ejércitos" (1 Samuel 17: 45). Él puso a disposición de Dios lo que le había quedado.

Cuando el apóstol Pablo soportó una tormenta y el naufragio cuando iba rumbo a Roma, la nave se hizo pedazos. Todo lo que le quedó fue una tabla, pero ésta lo llevó sano y salvo a las playas de liberación.

Al apóstol Juan no le había quedado mucho. Todo lo que tenía era un testimonio pero se lo entregó a Dios quien lo llevó más arriba y le mostró una revelación.

> *Después de esto miré, y he aquí una puerta abierta en el cielo; y la primera voz que oí, como de trompeta, hablando conmigo, dijo: Sube acá, y yo te mostraré las cosas que sucederán después de estas* (Apocalipsis 4: 1).

El apóstol se negó a morir hasta haber finalizado su libro.

Algunos de ustedes tienen una historia que contar, un testimonio para compartir, un libro para escribir. Niéguese a morir hasta que haya realizado su sueño. Persista en caminar con Dios porque usted *"no morirá, sino que vivirá y contará las obras del Señor"* (Salmo 118: 17).

El campo en donde Dios quiere plantar y recoger una cosecha está en su mente. En medio de todas sus dificultades, manténgase en el campo de sus sueños. Si usted puede regar su propio campo cuando otros procuran causar una sequía en su vida, Dios lo sustentará de manera poderosa. Ahora yo sé por qué mi abuela sonreía en silencio y tenía una mirada distante. Ella había aprendido el arte de ser su propia compañía, de cómo ocupar la mente y pasar las horas. No es que fuera auto suficiente (todos necesitamos a las demás personas); sencillamente tenía confianza en sí misma. Aprendió a digerir sus propios pensamientos, a motivar sus propias sonrisas y a tener serenidad interior a medida que tenía comunión con el Señor.

La persona que ha mantenido pensamientos de grandeza en medio de sus humillantes dificultades tiene aún mucho por lograr. Una sonrisa adorna el rostro de una persona que sabe algo más grande y más profundo, y que ve más allá de sus circunstancias. Estas personas miran a través de la ventana, pero ven mucho más lejos que el final de su calle.

Si en sus pensamientos usted puede ver más allá del lugar donde está, si ve un sueño, una meta, o una aspiración que otros considerarían imposible, *mantenga esa visión.* Tal vez habrá momentos en que tenga que *ocultarla* y tendrá que pasar gran parte de su tiempo *regándola* como los agricultores riegan sus plantíos para sustentar la vida en ellos. Pero recuerde siempre que son *sus* campos. Usted tendrá que comer del huerto de sus propios pensamientos, así que no cultive nada que no quiera comer. A medida que reflexiona y sueña despierto recibe gracia para cultivar los terrenos difíciles y sanidad para el terreno arruinado. Precisamente recuerde que cuando sus hijos, sus amigos, o cualquiera otro se acerque a la mesa de su sabiduría, sólo puede alimentarlos *con lo que ha cultivado en sus propios campos.* Su sabiduría es tan gustosa, y su textura tan rica, que no se puede comprar en el supermercado; se debe cultivar en casa.

Mis labios susurran una oración: *Oro para que esta palabra que Dios me ha dado, tan poderosa y personal, tan íntima y práctica, deje tras ella una mente antes estéril, preñada. Esta semilla de grandeza explotará en su vida y producirá una gran cosecha en sus hijos para alimentar las generaciones venideras y cambiar los vientos del destino.*

Sea como Enoc. Él caminó con Dios en la hora más negra de su época. Fue un tiempo de apostasía y mundanalidad, pero él anduvo con Dios. De hecho lo hizo hasta que Dios se lo llevó, según está escrito (ver Génesis 5: 24).

No importa lo que digan de usted, ande con Dios hasta que tengan que decir: "Él –o ella– no es lo que pensábamos". Permita que el Espíritu Santo le revele que todavía quedan en usted suficientes cosas buenas después de todo lo que le ha ocurrido. Refuerce lo que le ha quedado.

Puntos de reflexión:

La bendición de Dios incluye cosas que no se han visto ni se han oído.

Usted tiene acceso a las bodegas del cielo.

Los siete espíritus denotan perfección.

Dios sabe quién es usted realmente.

Dentro de usted hay dones, llamamientos y talentos que se han debilitado, han sido pisoteados o restringidos.

No permita que las circunstancias aborten su sueño.

Nada está acabado hasta que Dios dice que lo está.

Confíe en que Dios le dará un milagro.

No cultive lo que no desea comer.

Pensamientos y reflexiones

Capítulo 8

El Plan de Dios en pagos parciales

¿Cómo puede usted seguir avanzando cuando todo el infierno se ha desatado en su contra? Si nuestra generación ha de permanecer aquí hasta la venida del Señor –y creo que las profecías indican que lo hará– tenemos que estar equipados para enfrentar el ataque del diablo.

Hemos oído bastante la historia del Evangelio pero no los resultados de la historia. Mateo, Marcos, Lucas y Juan la cuentan. Pero si nunca vamos más allá no entraremos en su plenitud.

> *En el primer tratado, oh Teófilo, hablé acerca de todas las cosas que Jesús comenzó a hacer y a enseñar"* (Hechos 1: 1).

Este pasaje habla sólo de lo que Jesús empezó a hacer. Pero en las epístolas encontramos el resultado posterior de lo que los evangelios sólo empezaron a contar.

Dios hizo un depósito

De todas las epístolas que el apóstol Pablo escribió, una de mis favoritas es Efesios. Para apreciar realmente esta epístola usted tiene que estar consciente de que no fue escrita en el cómodo ambiente de un hotel de lujo. El apóstol escribió estas palabras, la primera de sus epístolas escritas desde prisión, confinado en una cárcel romana.

A pesar de sus circunstancias él vio la vida desde una perspectiva eterna.

> *En él también vosotros, habiendo oído la palabra de verdad, el evangelio de vuestra salvación, y habiendo creído en él, fuisteis sellados con el Espíritu Santo de la promesa, que es las arras de nuestra herencia hasta la redención de la posesión adquirida, para alabanza de su gloria* (Efesios 1: 13 – 14).

La palabra griega traducida como "arras" es *arrhabon,* que significa una promesa, un pago inicial, un seguro de depósito. Es una cantidad pagada por anticipado para asegurar la transacción hasta que se pague el precio total para finalizar la compra.

Si vemos una propiedad que deseamos comprar pero no tenemos el precio completo podemos hacer un depósito o un pago sobre ella. Ambas partes entienden que una porción del pago todavía se debe. Esto solamente declara a otras partes interesadas que la propiedad ya tiene un comprador. Para confirmar el deseo de compra, el propietario potencial ha dado "arras", es decir, un depósito.

Si alguna vez ha comprado mercancía separándola, el principio es similar. Usted da un pago inicial parcial sobre los bienes con la promesa de pagar posteriormente la cantidad completa. Hace pagos parciales a intervalos regulares y se lleva la mercancía cuando todo el precio ha sido totalmente pagado.

Siga la secuencia

Efesios 13: 1 – 14 nos muestra que ciertas cosas precedieron al pago inicial:

1. "En quien también confiasteis" (versículo 13, KJV). Este paso conduce al pago inicial. Al confiar en Cristo como nuestro Señor y Salvador llegamos a ser la posesión que él compró. Una compañía secular no pone su logo o identificación en un producto que no le pertenece. Su logo dice: "Esto es mío. Me responsabilizo por ello". El nombre sella su posesión. Es una declaración de propiedad.

2. "Y también creísteis" (versículo 13, KJV). Una cosa es confiar al comienzo, cuando se empieza, pero otra bien diferente es creer cuando todas las probabilidades dicen que lo que espera no ocurrirá. Usted tiene que confiar en Dios aún cuando no pueda ver sus huellas. Créale cuando no existe ninguna evidencia visible, cuando todos los demás lo han dado por caso perdido. Crea cuando esté en lo alto de la montaña, pero más aún, crea cuando la montaña esté sobre usted. No siempre quien más grita y danza es el más ungido. La unción cae sobre quienes soportaron la tormenta y pasaron la prueba; quienes creyeron en medio de las lágrimas de la noche. La noche finalmente acaba y un nuevo día despunta para usted.

3. "Y fuisteis sellados con el Espíritu Santo de la promesa" (versículo 13, KJV). Dios estará vigilante para ver si confía en él. Luego vigilará para ver si sólo por fe, –sin ninguna otra manifestación visible– va a creer en él. Entonces lo sellará y el sello lleva consigo una bendición oculta, el Espíritu Santo de la promesa.

   Dios dice: "Esto es Mío, y prometo que permanecerá mío contra viento y marea por causa de mi sello de aprobación. Yo sé que pasará la prueba y tiene una garantía de por vida. Tiene mi sello". El sello valida o autentica el vaso y es una declaración divina que dice:

"Este es buen material; tiene que serlo porque yo puse mi sello de aprobación sobre él".

4. "Son las arras de nuestra herencia" (versículo 14, KJV). Note que a los ojos de Dios, el sello permanece. Él lo desea tanto a usted que pagó las arras para asegurar la transacción. Cuando el diablo le ofrece el mundo, él dice: "Lo siento, yo comencé la transacción y la voy a finalizar. Yo lo sellé con una promesa. La transacción no estará completa hasta que redima el cuerpo. Hasta que ese día llegue, poseo todos los derechos. Esto es propiedad mía".

Por nuestro bien

Jesús les dijo: ¿Nunca leísteis en las Escrituras: La piedra que desecharon los edificadores ha venido a ser cabeza del ángulo; el Señor ha hecho esto, y es cosa maravillosa a nuestros ojos? (Mateo 21: 42).

Jesús llegó a la conclusión de que los rechazos humanos que sufrió fueron hechos del Señor. Como muy bien lo dijo José: "Vosotros pensasteis mal contra mí, mas Dios lo encaminó a bien" (Génesis 50: 20a). El Señor pone orden en lo que el enemigo realiza, y hace que obre para que se cumpla el propósito divino en su vida. Es la obra del Señor. ¿Cuántas veces le ocurrieron cosas "malas" y posteriormente se dio cuenta de que eran necesarias? Yo sé que si yo no hubiera enfrentado pruebas como estas no estaría listo para las bendiciones que hoy disfruto.

En las manos de Dios aún las circunstancias más dolorosas se tornan maravillosas a sus ojos. Cuando vemos con qué perfección ha elaborado Dios su plan podemos reírnos frente al fracaso. *Pero el fracaso es maravilloso solamente en ojos de alguien cuyo corazón confía totalmente en el Señor.* ¿Ha confiado usted plenamente en él o se aflige por algo que alguien le hizo, como si no tuviera un Dios que dirigiera las cosas, ni gracia para corregirlas?

Esta es una pregunta importante porque desafía las perspectivas que usted ha elegido para vivir su vida. La frase "es cosa maravillosa a nuestros ojos" significa sencillamente que desde nuestra perspectiva, las cosas más malas lucen buenas. Para eso necesita fe. La fe no es necesaria sólo para solucionar los problemas; también lo es para soportar los que parecen no tener solución. Descanse en la seguridad de que aún si Dios no los soluciona, ¡él puede hacerlo! Si su Dios omnipotente decide observar pasivamente las acciones de quien le causa aflicción, usted debe seguir confiando en su gracia soberana y en su carácter inmutable. Él obra para su bien. Hay un dicho popular que dice: "Si la vida te da limones, aprende a hacer limonada". Suena bonito, pero la verdad es que si usted camina con Dios, él es quien exprime los limones y el que hace la limonada.

Apriétese el cinturón

Generalmente, cada vez que hay un choque, hay heridos. Si una persona choca con otra, ambas se lesionan. Del mismo modo un choque en las relaciones afecta a todos los involucrados, ya sea en una empresa, un ministerio o una familia. Tal contienda causa diferentes grados de lesiones. Lo admitamos, o no, las acciones de los demás nos afectan en mayor o menor medida. La intensidad del efecto depende de la naturaleza de la relación.

Lo que es importante es el hecho de que no tenemos que morir en las colisiones de la vida. Debemos aprender a vivir la vida con un cinturón de seguridad, aunque sea incómodo usarlo. De igual manera necesitamos cinturones de seguridad espirituales y emocionales. No ese tipo de cinturón que nos inmoviliza como maniquíes sino el que es invisible pero sumamente apreciado en la eventualidad de un choque.

La seguridad interior es ese cinturón que impide que usted salga disparado por el techo cuando es rechazado; es la que lo mantiene en su lugar; es la seguridad de que Dios tiene el control de todo y que lo que Dios ha determinado nadie lo puede impedir. Sí él dijo que lo va a bendecir, ignore a los demás y créale a Dios que no puede mentir. Las contusiones pueden sanar. Asegúrese de estar todavía de pie cuando el humo se disipe. Usted es demasiado importante para los planes de Dios como para ser destruido por una situación cuyo propósito es desarrollar su carácter y darle dirección. No importa qué tan dolido, devastado o frustrado se sienta; todavía está aquí. Alabe a Dios porque utiliza la piedra angular labrada por los rechazos y las relaciones frustradas para perfeccionar lo que él ha preparado.

Levante su voz en medio de las sirenas y alarmas de quienes han dado lugar al pánico. Alce sus ojos sobre el humo que se levanta y sobre las emociones desbordadas. Sálgase de ahí; pudo haber muerto en el choque, ¡pero está vivo! Dígase a sí mismo: ¡Estoy vivo! ¡Puedo llorar! ¡Puedo reír! Y por la gracia de Dios, ¡puedo sobrevivir!

Dios sella en la tierra lo que los cielos han decretado en la eternidad

Dios nos ha dado vida nuevamente pues estábamos "muertos en nuestros delitos y pecados" (Efesios 2: 1). Dios es eterno y la vida suya también. Muchos creen que tienen vida pero les falta creer que tienen vida eterna. Esta vida no se basa en sus méritos sino en los de Dios. Él nos redimió, o nos compró de nuevo.

El prefijo "re" se encuentra a través de toda la Escritura. Dios lo redimió, lo restauró y lo regeneró. Dios quiere llevarnos a la plena comprensión de que todo lo hace él y no nosotros.

El éxito tiene un precio

Si usted llega a tratar a ciertas personas que han hecho grandes realizaciones le dirán que esos logros tuvieron un precio. Generalmente ese costo es mucho más alto del que usted normalmente quisiera pagar.

Sin embargo, el costo de una transformación total significa diferentes cosas para diferentes personas. Cuando llegue a su destino, no se sorprenda si algunas personas suponen que todo lo que usted realizó no tuvo ningún precio. El costo real del éxito es la perseverancia. Nunca se da el trofeo a alguien que no termina la tarea. Los tropiezos son precisamente eso, tropiezos, para que Dios pueda mostrarnos lo que él es capaz de hacer. Los funerales son para las personas que ya aceptaron la idea de que todo acabó. No haga usted eso; dígale al enemigo: "No estoy muerto todavía".

Jesús rara vez asistió a funerales. Cuando lo hizo fue para detener la muerte e interrumpir la ceremonia. Si usted está planeando una elaborada ceremonia para no participar en el plan de Dios, debo advertirle que él no anda en funerales. En algunas ocasiones los cristianos se frustran y se marginan de la actividad por causa de conflictos personales. Piensan que todo está acabado, pero Dios dice que no es así, que lo mejor está por venir. El Señor no asiste a fiestas de compasión y quienes las hacen se frustran cuando descubren que aunque lo invitan, él no llega. Muchos plañideros morbosos llegarán para llorar con usted el fin de sus sueños, pero si quiere que el Señor venga tiene que decirle que planea levantarse.

Porque siete veces cae el justo, y vuelve a levantarse; mas los impíos caerán en el mal (Proverbios 24: 16).

Levantarse es el tema recurrente del cristianismo. Sin embargo, no podemos levantarnos si no hemos caído. Eso no significa que debemos caer en pecado. Quiere decir que usted debe permitir que el poder de resurrección del Espíritu Santo opere en su vida, no importa si ha caído en pecado, en el desánimo, la apatía o el temor. Que hay obstáculos que pueden meterle zancadilla en su ascenso hacia la productividad. Pero no importa qué lo hace caer; lo que importa es que se levante.

Quienes nunca tienen este tipo de experiencias generalmente son personas que no hacen nada. Hay una cierta seguridad en el letargo. Nada se gana, nada se pierde. Pero yo prefiero caminar sobre el agua con Jesús. Prefiero correr el riesgo de ahogarme y tener que ser rescatado, antes que andar seguro y nunca vivir la experiencia de lo milagroso.

Cuando la epidemia del SIDA golpeó nuestro país se formó el pandemonio. El terror hizo que mucha gente, cristianos y no cristianos, reaccionara como resultado de la ignorancia y la intimidación. Los medios informaban sobre la enfermedad que atacaba a muchos individuos en posiciones altas y visibles. Al oír las discusiones en la televisión y otros lugares era evidente que la preocupación básica no parecía ser la víctima.

La gente me preguntaba en secreto cómo se adquiría la enfermedad. Yo les dije a los miembros de la iglesia que pastoreo que era absolutamente absurdo preocuparse por la forma en que se produjo el contagio. El asunto era que ya la tenían y lo importante era lo que íbamos a hacer para ayudarles. La enfermedad no es menos maligna en alguien que aprobamos que en quien desaprobamos; tiene el mismo efecto. Muchos son los medios por los cuales podemos contraerla, pero la cura es una sola.

En ese mismo sentido, no importa lo que nos haga caer; lo que importa es que nos levantemos. El enemigo quiere adormecernos en un estado de aceptación en el cual nos consideramos incapaces de alterar las circunstancias que nos limitan. Pero el justo tiene éxito porque continúa levantándose. El Espíritu Santo nos reta a permanecer de pie frente a los vientos contrarios, y si tropezamos y nuestras rodillas flaquean, vamos a agarrarnos de la mano de Dios y levantarnos.

Gemimos por causa de lo que sabemos

El apóstol utilizó por lo menos 13 verbos en la primera persona del plural, en 1 Corintios 5: 1 – 8, cada vez hablando de lo que hemos recibido como pago inicial. "Nosotros" (nuestro cuerpo) no somos la casa, porque la casa un día morirá. "Gemimos" por causa de lo que "sabemos".

Nuestro "ser interior" está confiado, y camina, y está dispuesto; nuestro "ser interior" ya conoce lo que es nuestro. Por eso gemimos; por eso caminamos cuando no parece que fuéramos a ganar.

Note lo que nos mantiene en movimiento: "las arras del Espíritu" (versículo 5). Mientras vivimos en la carne estamos ausentes del Señor. Pero por causa de las arras (el pago inicial del Espíritu), sabemos que un día la parte mortal de nosotros será absorbida por la vida.

Aunque fundamentalmente esto habla de la resurrección futura, saberlo nos ayuda a dominar la carne. Cuando nuestra naturaleza carnal trata de deprimirnos o estorbarnos diciéndonos: "No lo lograrás", esta verdad hace posible que esa carnalidad sea absorbida.

Las arras del Espíritu, que se convierten en la promesa de la aprobación de Dios sobre su vida, absorberán su derrota y su ansiedad. Quizá este pago inicial no parezca bueno en el momento pero sea paciente; tiene la promesa de Dios.

Puedo decirle mucho más en cuanto a la forma en que este conocimiento le ayudará. Por causa de las arras del Espíritu puede vivir siempre confiado.

Confiado y determinado

Hace algunos años, un joven se me acercó y me dijo: "Me estoy alistando para comenzar una iglesia. ¿Tiene algún consejo para mí?" De hecho me preguntó: "Si usted pudiera resumir en una sola palabra lo que implica ser efectivo en el ministerio, ¿cuál sería esa palabra?" Pensé por un momento y le respondí: "¡Determinación!" Usted debe ser una persona con determinación, es decir, que esté siempre determinado a hacer la obra del Señor. Si se da por vencido fácilmente no hay caso de que intente realizar mucho para Dios. *Determinación* es la palabra que yo uso para describir a las personas que no aceptan un "no" como respuesta. Son individuos que prueban de una manera, y si no da resultado prueban de otro modo pero no se dan por vencidos. Usted que está a punto de romperse bajo el estrés de intensos conflictos, mantenga su determinación. No abandone su obra.

A las personas que se dan por vencidas muy fácilmente les ocurre una cosa horrible. Se llama *remordimiento.* Es un fastidioso sentimiento que carcome y dice: "Si me hubiera esforzado más, podría haber tenido éxito". Cuando aconsejo espiritualmente a parejas casadas siempre los animo a que hagan todo lo que esté a su alcance para construir un matrimonio exitoso. Es terrible esa idea que carcome en la noche y me hace preguntar: "¿Qué hubiera ocurrido si hubiera tratado de hacer...?"

Admitido: todos experimentamos cierto grado de fracaso. Si un bebé tuviera que aprender a caminar sin caerse jamás aprendería. Un infante aprende tanto de sus caídas como de primeros pasos inseguros. El problema no es el fracaso; el problema es cuando fracasamos y nos preguntamos si fue la falta de compromiso la que hizo que perdiéramos una oportunidad de convertir la prueba en un triunfo. Nunca podremos estar seguros de la respuesta a menos que reagrupemos nuestros talentos, hagamos acopio de valor y con fe y esperanza enfoquemos nuestras fuerzas para alcanzar una meta. Si no tenemos esperanza y no estamos apasionadamente decididos, no tendremos éxito.

La esperanza nos cambiará

¿Qué dijo el apóstol Pablo?

> *Y no sólo ella, sino que también nosotros mismos, que tenemos las primicias del Espíritu, nosotros también gemimos dentro de nosotros mismos, esperando la adopción, la redención de nuestro cuerpo* (Romanos 8: 23).

El espíritu es salvo por fe, y el cuerpo por esperanza.

La fe purifica el alma. Cuando las cosas no lucen bien, la esperanza dice: "Está bien". Por eso es que necesitamos un fuerte testimonio en el alma. Dios nos provee esperanza en medio de la tormenta.

Debemos entender la obra del Espíritu Santo en nuestra vida. Muchos se desaniman cuando fallan en alcanzar sus metas como hijos de Dios. Otros *tiran la toalla* y dicen: "No hay caso".

Muchos de ustedes están cerca de lograr un gran avance en sus vidas. Quizás han luchado por años para llegar al punto en donde están con Dios y están preñados de propósito. Llevan en su vientre espiritual un ministerio que podría cambiar este mundo.

Todo en su lugar

Moisés estaba en la misma situación en la que a menudo nos encontramos nosotros: cercano al agotamiento. Había vivido para Dios y albergado en su ser el llamado divino, no obstante anhelaba una manifestación de la presencia divina. Él pidió a Dios: "Te ruego que me muestres tu gloria" (Éxodo 33: 18).

El deseo de Dios de mostrarnos su gloria y esplendor es tanto o mayor que el deseo nuestro de verlo. Pero para poder ver su gloria tenemos que ir al lugar indicado. Dios le dijo: "He aquí un lugar junto a mí, y tú estarás sobre la peña" (Éxodo 33: 21).

Recuérdelo: cuando quiera que Dios estuvo listo para manifestarse en gloria y esplendor siempre llevó a la persona a un monte o a un lugar elevado y allí se le manifestó.

Dios le prometió a Moisés que le dejaría ver su gloria pero sólo después que llegó a cierto lugar. El apóstol Pedro tuvo una revelación relativa a Cristo (Mateo 16: 13 – 18). Jesús es la Roca y cuando nos escondemos en él somos llevados a alturas y profundidades mayores.

Una hendidura es una grieta o abertura. Cuando el soldado romano perforó el costado de Jesús se abrió una abertura. Por el Espíritu Santo podemos escondernos en ella. Dios le prometió a Moisés:

> *Yo haré pasar todo mi bien delante de tu rostro, y proclamaré el nombre de Jehová delante de ti... y cuando pase mi gloria, yo te pondré en una hendidura de la peña, y te cubriré con mi mano hasta que haya pasado. Después apartaré mi mano, y verás mis espaldas; mas no se verá mi rostro* (Éxodo 33: 19 – 23).

Moisés vio tan solo el resplandor decreciente de la gloria de Dios pero fue afectado intensamente por él.

> *Y al mirar los hijos de Israel el rostro de Moisés, veían que la piel de su rostro era resplandeciente; y volvía Moisés a poner el velo sobre su rostro, hasta que entraba a hablar con Dios* (Éxodo 34: 35).

Tal vez usted está soportando una tormenta, una prueba o algo que ni siquiera comprende. Se dice a sí mismo: "Yo he sido fiel; estoy dedicado a mi llamamiento; he ejercitado mi don; no entiendo por qué me está ocurriendo esto a mí".

No pierda su enfoque. Viene ayuda en camino. Solamente está en el hueco de la roca. Cuando supere este problema empezará a comprender las palabras del viejo himno: "Roca de la eternidad... mi escondedero fiel..."

Esta tormenta lo está elevando a un sitio más alto. Permítale a Dios llevarlo, mediante esta prueba, a otro nivel. Noé permitió que un torrencial y un diluvio lo llevaran a un terreno más alto. Su arca encalló en tierra firme en el Monte Ararat (Génesis 8: 1 – 4).

Dios habita en una vieja casa

Dentro de nuestras envolturas decadentes, constantemente estamos descascarando las impudicias y los celos que adornan las paredes de nuestro corazón. Si los ángeles vinieran de paseo a la tierra con el Creador y le preguntaran: "¿Cuál es su casa?" él pasaría de largo por todas las mansiones y catedrales, por todos los templos y castillos, y sin avergonzarse nos señalaría a usted y a mí, y diría: "¡Esta es mi casa!" Imagínese el impacto y el desdén de la legión celestial al pensar que el Dios cuyo rostro ellos cubren con sus alas eligió vivir en una choza de ese tipo. Sabemos en dónde está el conflicto. Nosotros, que en nuestra humanidad tropezamos, que vacilamos y titubeamos en nuestra frágil existencia, continuamente luchamos con el conocimiento de que *nuestro Dios ¡puso mucho en muy poco!*

Sí; es cierto: a pesar de lavarla y pintarla con todo el maquillaje y esfuerzo, esta vieja casa [nuestro cuerpo] se está derruyendo. La entrenamos y le enseñamos. Compramos libros y cintas y tratamos de convencerla de que por lo menos piense diferente. Pero el resultado de nuestros esfuerzos ocurre, en el mejor de los casos, con mucha lentitud. No hay duda de que hemos sido salvos *y que la casa está habitada.* El mismo Espíritu Santo reside bajo su techo en decadencia. Aunque la habita un inquilino prestigioso, la dotación es de baja calidad.

Esta divina ocupación no es el acto de un huésped desesperado que al no tener en donde vivir elige este sitio empobrecido como un lugar temporal para pasar la tormenta de alguna situación deplorable. No; Dios mismo –voluntariamente y con predeterminado propósito– nos puso en la embarazosa situación de acoger a un huésped cuya exaltada posición e importancia nos supera. Nosotros difícilmente sabemos cómo servirle.

Lo mejor camufla lo peor en nosotros con expresiones religiosas familiares que reducen el cristianismo a una simple actitud. Aún los más devotos entre nosotros –mientras estamos en silenciosa quietud o arrodillados al borde del lecho– susurramos nuestra confesión ante Dios: "Fervorosamente hemos buscado una comunión contigo que no hemos logrado."

Continúa nuestro esfuerzo por saciar el voraz apetito de nuestro santo Huésped cuya hambre divina nos exige que lo alimentemos con una vida de sacrificio. Él consume diariamente y continuamente exige lo que solamente nosotros sabemos que Dios quiere de nosotros. Pablo batalló para poner bajo sujeción las cosas ocultas en su vida que podían producir destrucción. Tal vez eran pútridos pensamientos, o vanas fantasías, u orgullo, pero fuera lo que fuera, él les declaraba la guerra si se resistían al cambio. Esencialmente él dice que mientras espera el cambio mantiene su cuerpo en cadenas golpeando las fuerzas del mal: "Golpeo mi cuerpo, y lo pongo en servidumbre, no sea que habiendo sido heraldo para otros, yo mismo venga a ser eliminado" (1 Corintios 9: 27).

Con un testimonio como este yo presto muy poca atención a quienes entre nosotros se sienten obligados a impresionarnos con la ridícula idea de que ellos ya lograron lo que está destinado a ser la búsqueda de toda una vida. La renovación de la vieja persona es un ejercicio diario del corazón que progresivamente fortalece el carácter, día a día, no de la noche a la mañana.

Usted no volverá a ser el mismo

Mientras Moisés pasó tiempo en el monte con Dios comenzó a asimilar la apariencia divina. Cuando descendió del monte tuvo que cubrir su rostro para poder hablarle al pueblo. La gloria de Dios fue tan evidente que la gente no pudo mirarlo debido al brillo de su rostro.

El apóstol Pablo hizo esta pregunta:

> *Y si el ministerio de muerte grabado con letras en piedras fue con gloria, tanto que los hijos de Israel no pudieron fijar la vista en el rostro de Moisés a causa de la gloria de su rostro, la cual había de perecer, ¿cómo no será más bien con gloria el ministerio del espíritu? Porque si el ministerio de condenación fue con gloria, mucho más abundará en gloria el ministerio de justificación* (2 Corintios 3: 7 – 9)

La gloria del nuevo pacto y el ministerio de justicia superan de lejos al ministerio de muerte que vino mediante la ley. El apóstol cierra el capítulo con este pensamiento:

Por tanto, nosotros todos, mirando a cara descubierta como en un espejo la gloria del Señor, somos transformados de gloria en gloria en la misma imagen, como por el Espíritu del Señor. (2 Corintios 3: 18).

Abra la Palabra de Dios y permita que ella sea un espejo. A medida que el Espíritu Santo ilumine su vida comenzará a reflejar la gloria divina como lo hizo Moisés. Esté dispuesto a pagar el precio y a disciplinarse porque Dios quiere hacer una obra en su vida, en su ministerio, en su matrimonio y en su llamamiento.

Desnúdese para lo eterno

Jesús hizo a un lado sus vestimentas. El ministerio es eso; la demanda de que usted se despoje de sus vestidos, de sus ambiciones personales y de sus visiones de grandeza. Quienes tienen talento tienden a ser los individuos más egoístas, exaltadores de sí mismos y excéntricos del mundo. Por eso es que el hecho de "ser talentoso" intrínsecamente no libera a nadie. El ministerio nace cuando usted se despoja de los deseos de su corazón; cuando bajo cada fibra de ridícula grandeza, algo en su corazón dice: más que cualquier otra cosa, *yo quiero que mi vida cuente para algo. Quiero realizar algo para Dios.*

¿Ha hecho alguna vez el tipo de oración que implora: "Oh Dios, no permitas que yo trate de impresionar a nadie más que a Aquel a quien le di mi vida"?

¿Hemos entregado la vida al Señor? Hablo con absoluta seriedad y me refiero a quienes testificamos y laboramos en el Reino tratando de llevar almas a Dios. ¿Le hemos dado nuestra vida al Dios de quien hablamos? Si lo hemos hecho, ¿entonces por qué discutimos quién se va a sentar a su izquierda o a su derecha? *¿Por qué no nos hemos despojado de nuestros vestidos?*

El vestido simboliza diferentes cosas para diferentes personas. Es lo que disfraza nuestra realidad; es cualquier cosa que nos impide afectar realmente el ambiente que nos rodea. Nuestros vestidos son los planes personales que hemos establecido nosotros mismos, muchos de los cuales jamás consultamos con Dios. Como las hojas de higuera con que Adán y Eva se cubrieron en el Huerto de Edén, nosotros también hemos inventado con qué cubrirnos. La terrible tragedia consiste en que, tarde o temprano, lo que hayamos cosido para cubrirnos finalmente se hará pedazos.

A menudo el Señor utiliza pruebas para alinearnos. Los fuertes vientos de la adversidad atacan todo lo que en nosotros puede ser sacudido. Azotados por el viento nos liberamos de todos los ídolos en su presencia. Toda persona que encuentra el propósito real, tarde o temprano pasa por una serie de adversidades que harán que descarte lo temporal y se adhiera a lo eterno. Algunos despiertan en el cuarto de un hospital con respiradores y monitores zumbando en sus oídos. Allí, bajo el dosel del cielo raso pintado, aspirando el suave olor de desinfectante, se dan cuenta que muchas de las cosas que parecían importantes no significan nada después de todo.

Yacen allí sin que les haya quedado nada de importancia, excepto la sencillez de una segunda oportunidad. Sus certificados de depósito en el banco, sus carros en el garaje, y sus vestidos en el closet, todo eso ha perdido importancia. Bajo esas delgadas sábanas de hospital descubren que realmente no son diferentes del "Juan Lanas" que está al final del pasillo haciendo uso de la asistencia pública. Están desnudos bajo las sábanas y por primera vez no se preocupan por leer el periódico, chequear el movimiento de la bolsa, o mirar las noticias. Por lo menos por un momento están *desnudos sin avergonzarse.*

Usted no podrá ser nunca realmente ungido hasta que tenga la experiencia personal que lo llama a despojarse de sus vestidos. De esta situación es que brotan las lágrimas de la adoración. Se deslizan profusamente por un rostro al cual se le arrancó la máscara y está desnudo delante de Dios. ¿Quién puede hacer otra cosa que adorarlo, cuando lo vemos libre de toda distracción y todo peso?

El espléndido Príncipe de Paz se desnudó a sí mismo. Cuando se arrodilló en el suelo y comenzó a lavar los pies de los discípulos se veía tan bajo que daba vergüenza. Pedro no quería verlo en esa situación. ¡Pensar que Aquel a quien él llamaba Maestro, toalla en mano le lavaba los pies! En un momento era tan majestuoso y excelso y al siguiente se arrodillaba ante ellos como nada más que un hombre.

La unción

Hay un precio a pagar para ser ungido por Dios, y un precio aún mayor por mantener esa unción. El Espíritu Santo lo ha sellado a usted, lo cual es un pago inicial de esta gran bendición que Dios está preparando para usted.

En lo que a Dios respecta, todo está hecho.

Puntos de reflexión:

En medio de las pruebas y el llanto,
crea hasta que el nuevo día amanezca.
¡Confíe en el plan maravilloso de Dios!
"¡No estoy muerto todavía!"
Agarre la mano de la gracia de Dios y levántese.
No abandone.
Dios puso mucho en muy poco.
La gloria de Dios era obvia y evidente.
Despójese de sus vestidos.
¡Ponga su unción en acción!

Pensamientos y reflexiones